INHALT

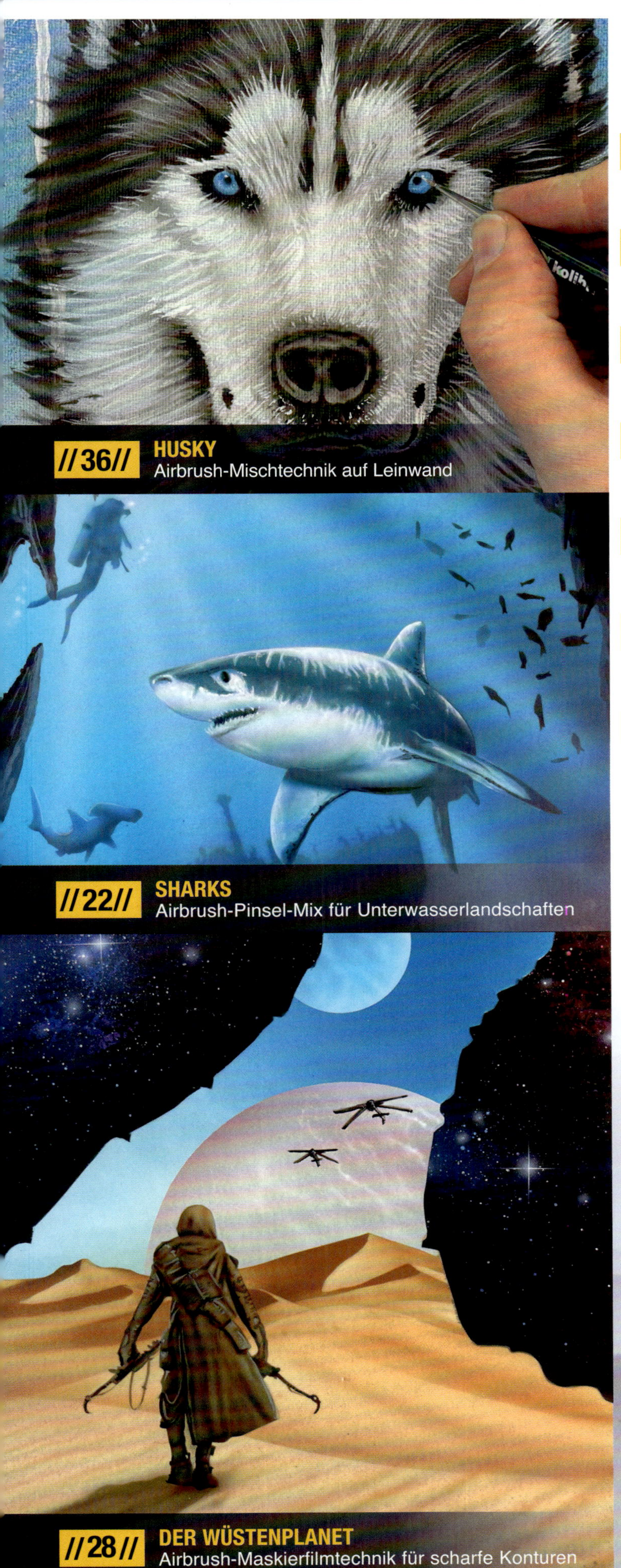

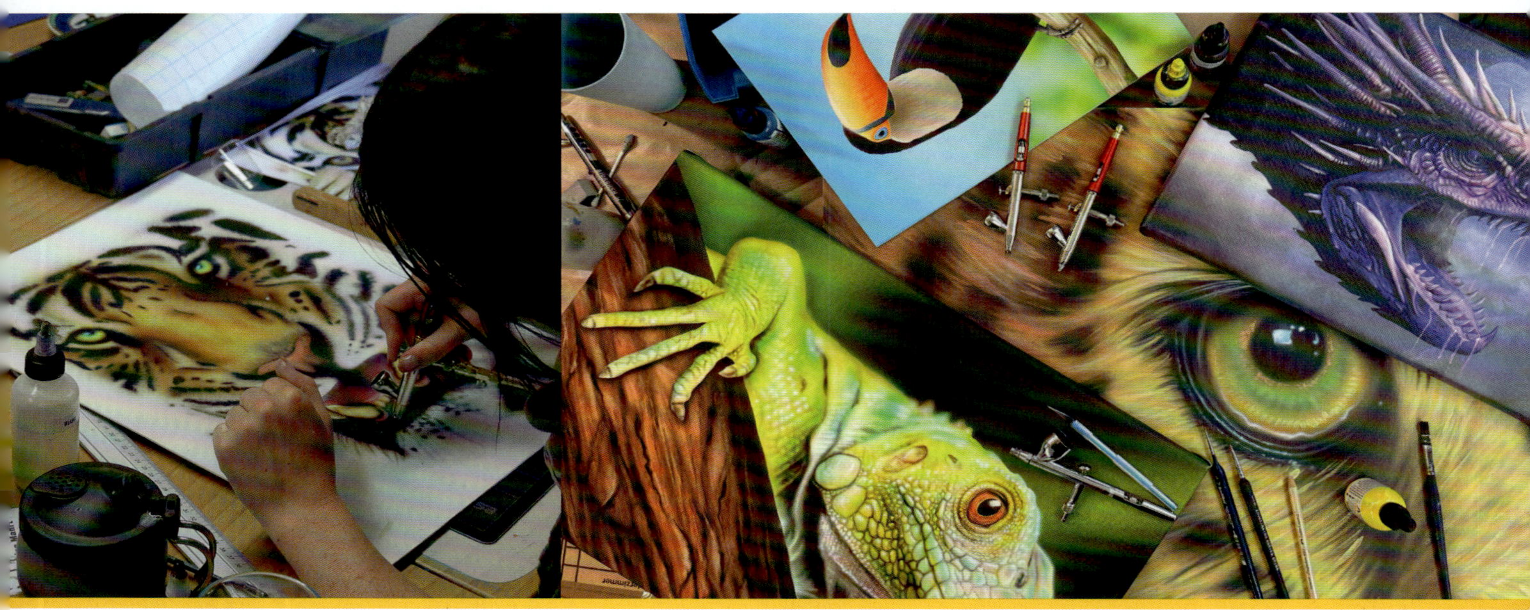

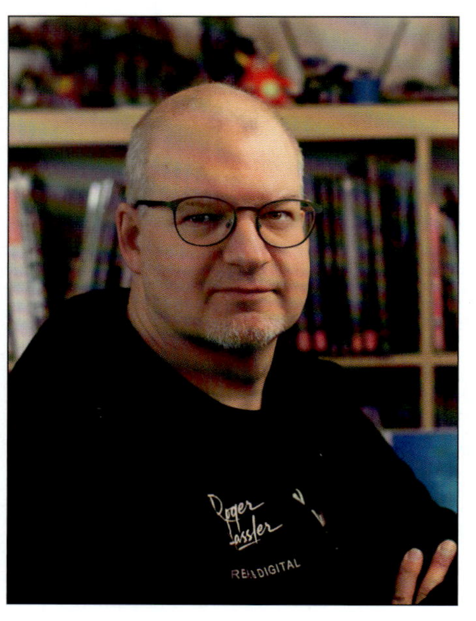

// Roger Hassler

Roger wurde 1972 in Hameln geboren und arbeitet als Grafik-Designer und kreativer Kopf in seiner eigenen Werbeagentur und Verlag in Büchen bei Hamburg. Im Bereich der Airbrush-Technik greift Roger Hassler auf langjährige Erfahrung zurück. In seiner Jugend begann er mit Computergrafiken und machte sich in dortigen Kreisen mit Veröffentlichungen verschiedener Art bereits einen Namen. Es folgte die Auseinandersetzung mit den herkömmlichen Maltechniken, bis er die Airbrush-Technik entdeckte und sich diese autodidaktisch aneignete. Seine fotorealistischen Motive sind größtenteils aus den Bereichen Fantasy, Science Fiction, Wildlife sowie der surrealistisch geprägten figürlichen Darstellung. Seit fast 30 Jahren vermittelt er sein Wissen in Kursen, seit 20 Jahren produziert er Anleitungs-DVDs, schreibt und verlegt Airbrush-Bücher sowie das Fachmagazin Airbrush Step by Step. Er setzt sich für die Bekanntmachung und Verbreitung der Airbrush-Technik ein, indem er auf Messen und Veranstaltungen Workshops, Vorführungen und Vorträge auch international hält.

// www.rogerhassler.de
// www.airbrush-kurse.de
// www.airbrush-magazin.de
// www.newart.de

Mal- und Schablonenvorlagen kostenlos downloaden:

// www.newart.de //

Passwort: Training2

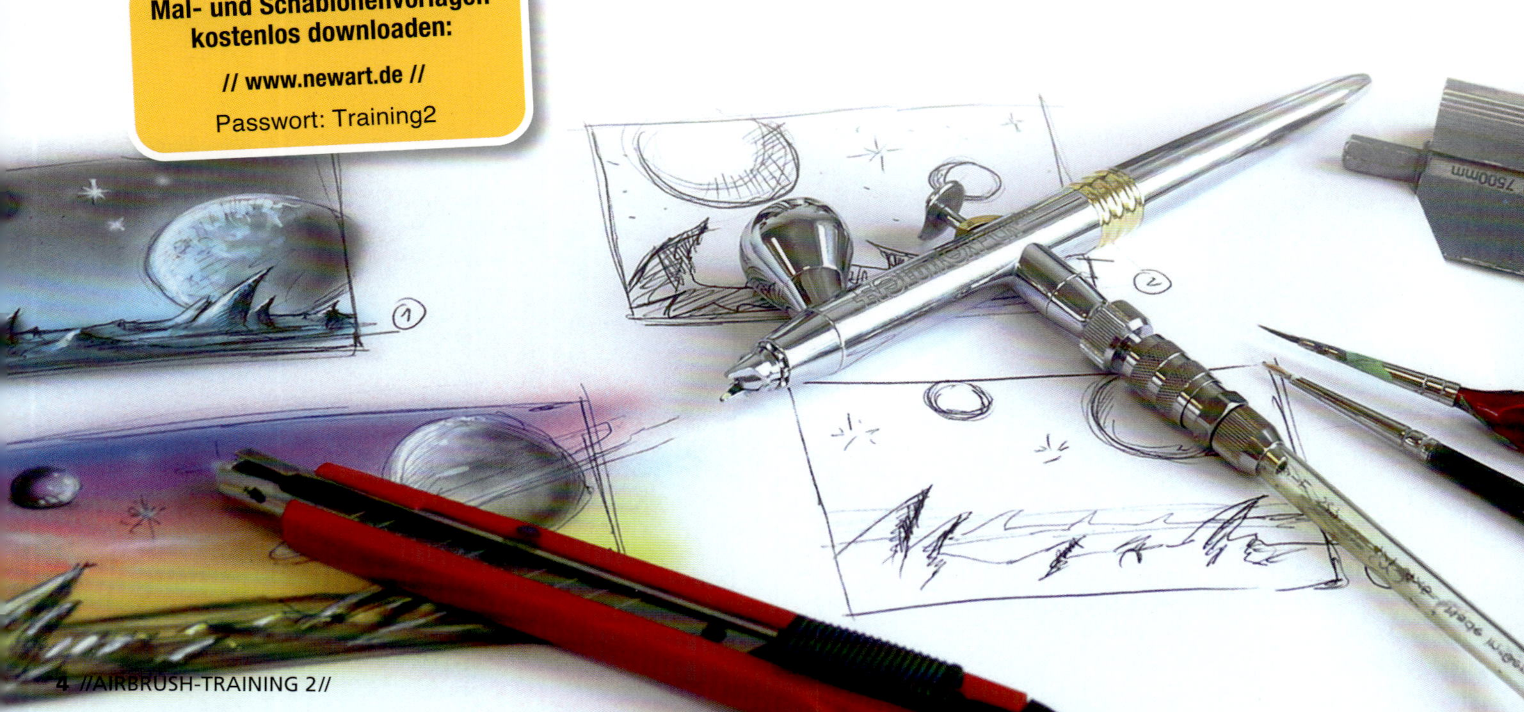

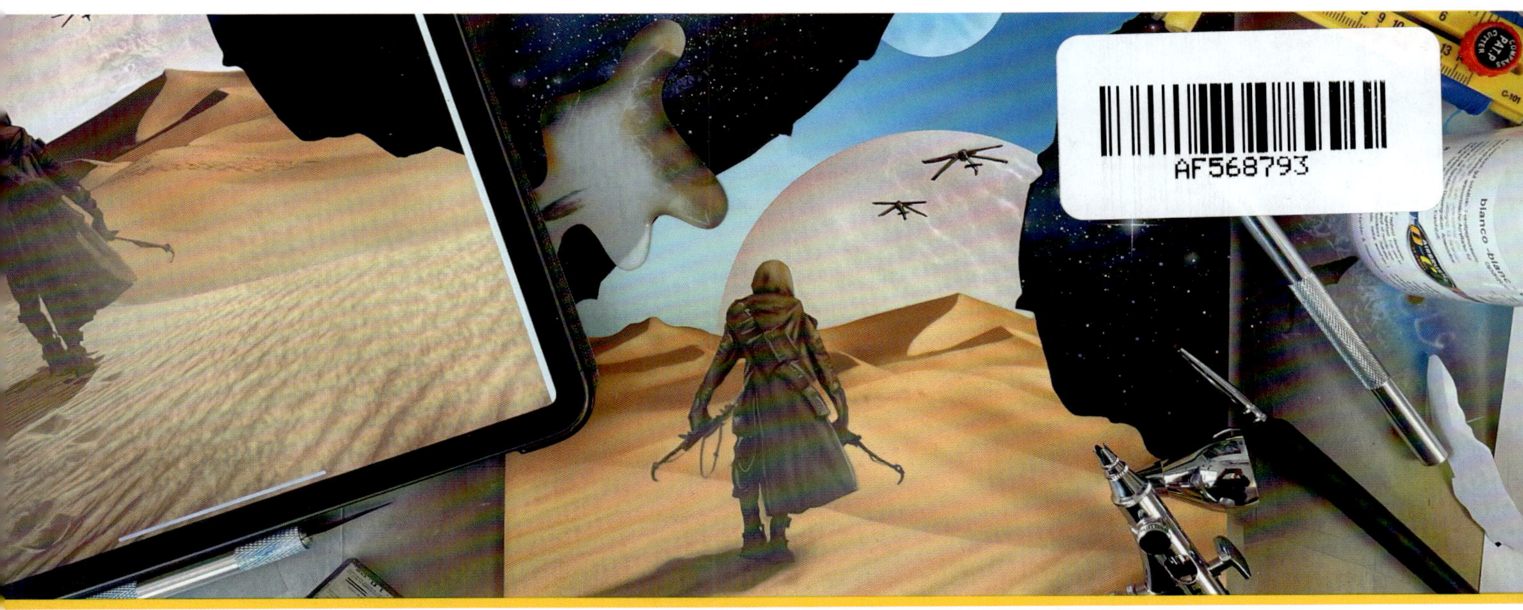

// Airbrush-Training 2: Noch mehr Übungsmotive für Einsteiger

// Seit neun Jahren erfolgreich

Neun Jahre ist es inzwischen her, dass wir mit „Airbrush-Training“ das erste Übungsbuch auf den Markt gebracht haben. Tausende Airbrush-Anfänger/innen haben damit ihre Reise in die Airbrush-Technik begonnen, haben die angebotenen Motive ausprobiert und somit weitere Techniken im Umgang mit dem Airbrush-Gerät erlernt. Wir sind überwältigt und freuen uns sehr, mit „Airbrush-Training“ eins der meistverkauften und bestbewerteten Airbrush-Bücher am Markt geschaffen zu haben.

// Fortsetzung folgt

Mit „Airbrush-Training 2“ setzen wir nun endlich die Reihe mit weiteren Übungsmotiven fort. Auch hier sind wieder Motive eingeflossen, die bereits in vielen meiner Airbrush-Workshops Anwendung fanden und für gut befunden wurden. In meinen Kursen und auch für „Airbrush-Training“ gilt: Einfache Motive, eindrucksvolle Effekte und viel Spaß beim Airbrushen. In „Airbrush-Training 2“ gibt es keine Theorie, sondern viel praktische Übung. Alles Wissenswerte ist in den diversen Motiven „verpackt“, so dass Sie lernen, ohne es eigentlich zu bemerken.

// Airbrush-Mischtechniken entdecken

Oftmals ist es für eine/n Anfänger/in schwer einzuschätzen, ob er/sie und seine/ihre Airbrush-Kenntnisse dem einen oder anderen Motiv bereits gewachsen sind. Deshalb wird die Mischung an Schritt-für-Schritt-Anleitungen in „Airbrush-Training 2“ wieder in einer Reihenfolge angeboten, die den Schwierigkeitsgrad nach meinem Erachten ansteigen lässt. Insofern knüpfe ich an das erste „Airbrush-Training“-Buch an und habe den Schwerpunkt in diesem Buch auf unterschiedliche Airbrush-Mischtechniken und Malgründe gelegt. Denn das Airbrush-Gerät wird in der Regel nicht „pur“, sondern in Kombination mit anderen Maltechniken und Werkzeugen eingesetzt – als ein weiteres Kreativtool, um Bilder und Malereien zu gestalten. So lädt dieses Buch dazu ein, neben der Airbrush auch zum Pinsel, Radierstift oder Skalpell zu greifen. Außerdem haben Sie die Möglichkeit, mit den Anleitungen unterschiedliche Malgründe auszuprobieren. Ob Leinwand, Synthetikpapier, Illustration Board oder klassisches Airbrush-Papier – alles erschwingliche Malgründe, um erste und weitere Schritte in der Airbrush-Kunst zu unternehmen.

// Learning by doing

Da ich weiß, dass viele Airbrush-Anfänger/innen vor allem auf der Suche nach Motiven sind, an denen sie ihre in einem Kurs oder im Selbststudium erworbenen Fähigkeiten weiter trainieren wollen, ist dieses Buch – wie schon erwähnt – bewusst als weiteres Übungsbuch und nicht als Grundlagenbuch konzipiert. Wer auf die Theorie über die Anwendungsgebiete, Geräteausstattung, Reinigung und erste Basisübungen mit der Airbrush trotzdem nicht verzichten möchte, dem sei auch unser Grundlagenbuch „Airbrush Grundkurs – Das Einsteigerhandbuch“ (ISBN 978-3-941656-53-6) empfohlen. Und natürlich steht Ihnen auch das erste „Airbrush-Training“ (ISBN 978-3-941656-40-6) immer noch zur Verfügung.

// Auf zum nächsten Level

In diesem Sinne hoffe ich, mit der bunt gemischten Motivauswahl Ihren Geschmack getroffen zu haben. So finden Sie Landschaften, Tier- und Fantasy-Motive, Totenkopf- bis hin zu Raumschiffillustrationen vor, die sich auf diversen Malgründen realisieren lassen. Ich würde mich freuen, wenn auch „Airbrush-Training 2“ Ihnen bei Ihrer Weiterentwicklung als Airbrush-Künstler/in helfen kann und Ihre Freude am Airbrushen immer weiterwächst. Wir freuen uns auf Ihr Feedback – senden Sie uns doch einfach mal ein Foto Ihres nachgearbeiteten Motivs zu!

Ihr Roger Hassler
Büchen im Mai 2023

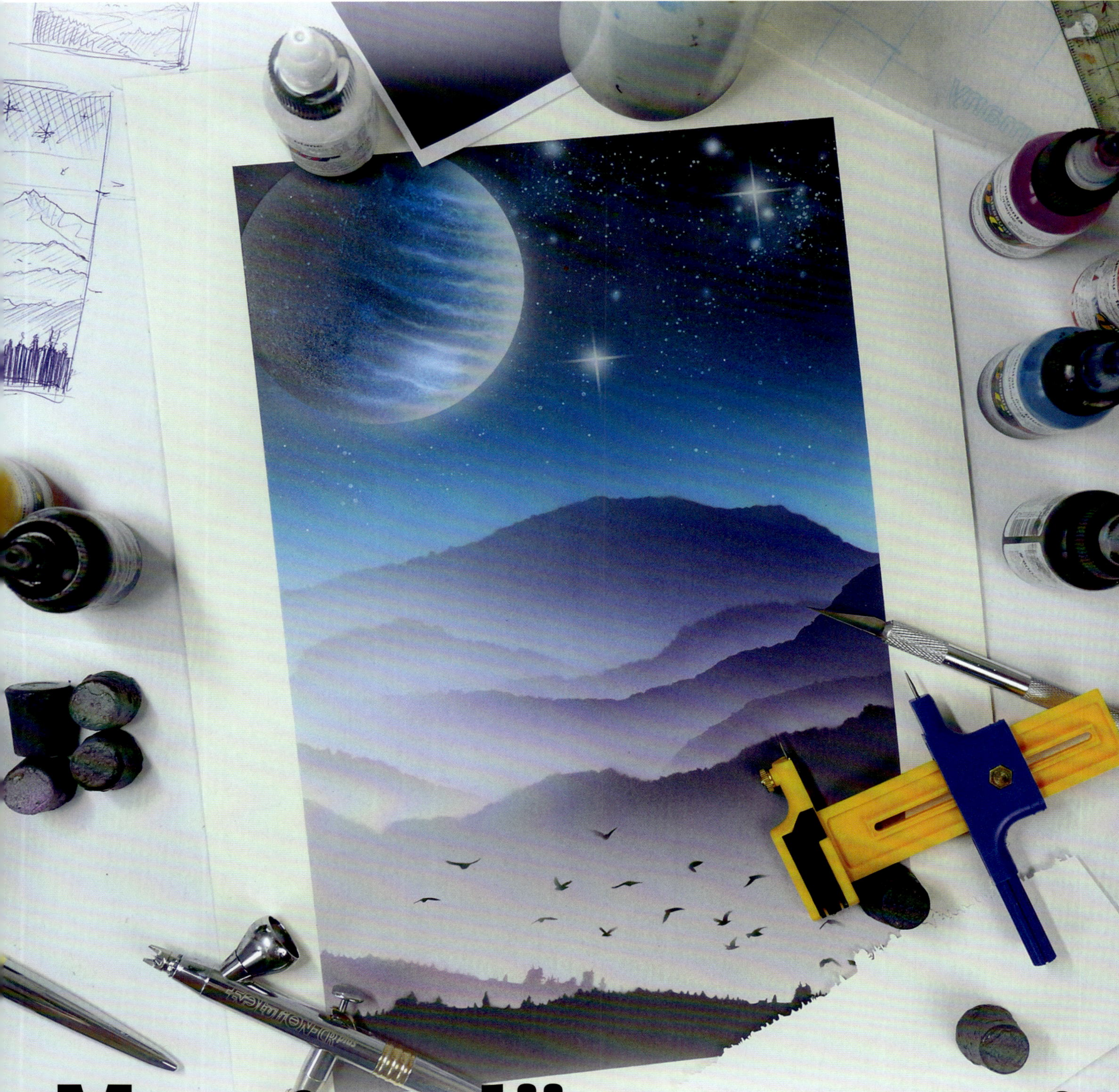

Morgendämmerung

Um in die Airbrush-Technik einzusteigen, eignen sich fantasievolle, romantisch wirkende Landschaftsmotive mit Farbverläufen am besten. Mit diesem Bild üben Sie gleich mehrere Techniken, die für Einsteiger und die weitere Arbeit mit der Airbrush wichtig sind – von der losen Schablonentechnik, über Sprenkeltechniken, der Erstellung von Entwürfen und Schablonen bis hin zum Umgang mit dem Airbrush-Maskierfilm. „Ganz nebenbei" entsteht ein funkelnder Nachthimmel mit Mond/Planet sowie eine romantische Gebirgskette mit Vogelschwarm im Vordergrund.

GRUNDAUSSTATTUNG – Morgendämmerung

Airbrush: Double Action Airbrush mit 0,2 mm Düse

Farben: Airbrush-Acrylfarbe Schwarz, Weiß, Blau, Magenta, Rot, Gelb

Weitere Materialien: Kreisschneider, Skalpell, Schablonenpapier, Kopierpapier, Teller, Lineal, Schneidplotter

Untergrund: Airbrush-Reinzeichenkarton oder Airbrush-Papier

01 Recherche und Entwurf

Um dieses Landschaftsmotiv zu realisieren, habe ich angefangen, in Bilddatenbanken wie z.B. pixabay.de nach entsprechenden Inspirationen zu suchen – also nebelige Landschaftsaufnahmen wie auch Motive von Galaxien. Damit gewappnet, entstanden dann auf Papier mit Kugelschreiber die ersten Skizzen und Aufteilungen von Objekten. Das Motiv ist in Drittel geteilt: der obere Bereich mit den Sternen und Planeten, der mittlere Bereich mit den Hügeln und der untere mit dem Wald und dem Vogelschwarm. Mit Hilfe der Skizze kann man sehr schnell beurteilen, wo und welche Objekte dargestellt werden können.

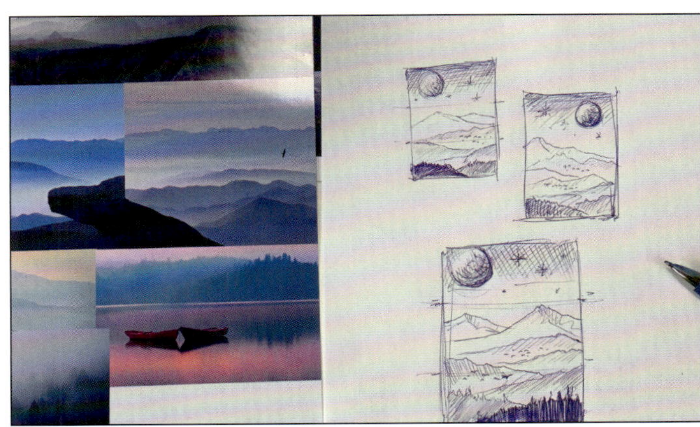

02 Schablonen herstellen

Wenn man die technischen Voraussetzungen hat, kann man sich für das Motiv die eine oder andere Schablone mit einem Schneidplotter selber herstellen. Das ist nicht zwingend notwendig, macht aber auch Spaß und hilft, die Strukturen etwas exakter zu planen. Als Erstes habe ich in Photoshop gestartet, um eine Konturzeichnung von einem Waldhügel zu malen. Diese Schwarz-Weiß-Skizze wird dann in die Plotter-Schnittsoftware geladen, um das Bitmap-Bild zu „vektorisieren". Damit kann dann anschließend der Plotter angesteuert und die Schablonen aus dem Material der Wahl geschnitten werden. Ich habe mich für Synthetikpapier als Schablonenmaterial entschieden. Es ist fester als Papier, dadurch wird die Kante sehr scharfkantig im Sprühprozess.

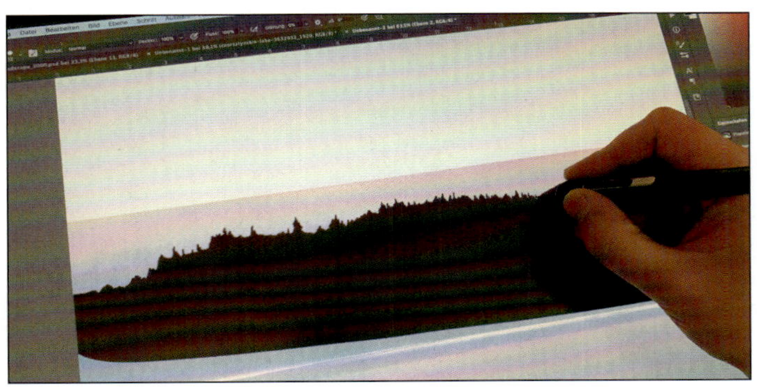

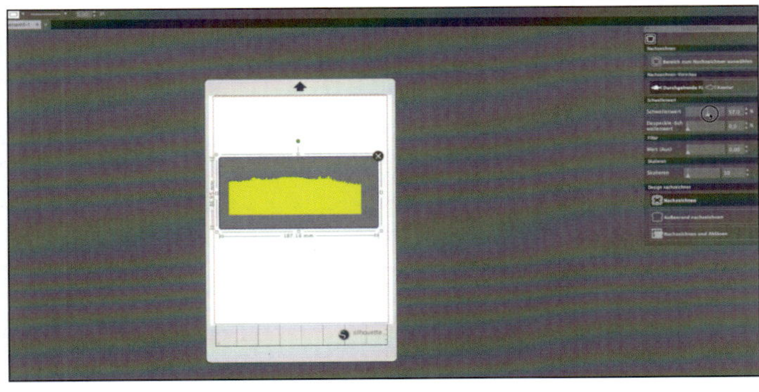

03 Digitaler Entwurf

Um das Ganze farblich vorab einmal auszuprobieren, habe ich zusätzlich noch einen digitalen Entwurf in Photoshop erstellt. Der besteht aus zusammengesetzten Fotos und gemalten Elementen. Hier kann man die Farben gut einschätzen und bei Bedarf auf Knopfdruck auch die Farbigkeit ändern. Ich möchte eine Blau-Lila-Farbigkeit – ich habe aber auch Grün getestet, welches ebenfalls schick aussieht. Wenn Sie so ein Bild selber machen möchten, können Sie also auch gerne eine andere Grundfarbigkeit nutzen.

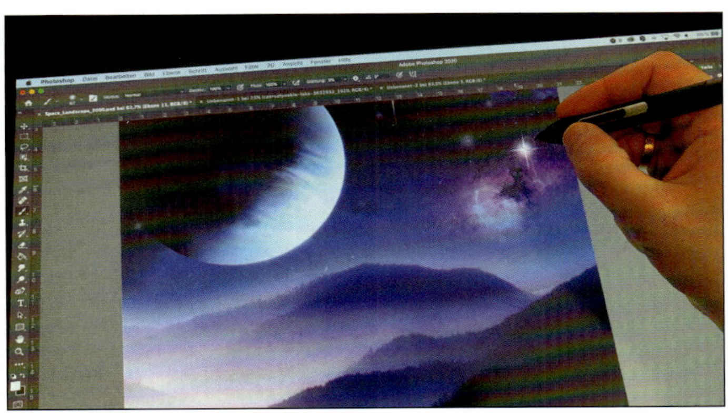

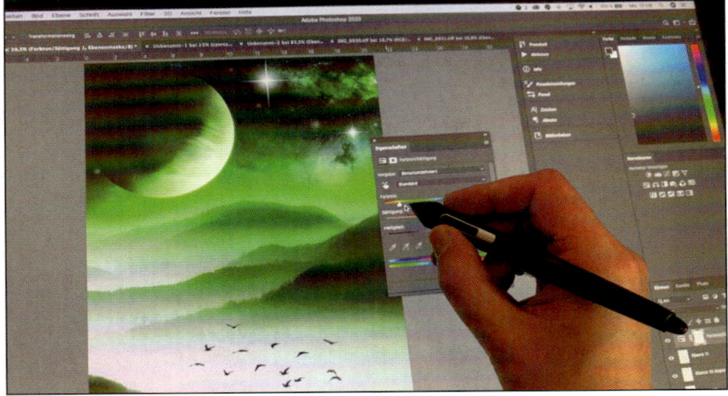

04 Vorbereitungen

Damit ich mit dem Motiv starten kann, stelle ich alle benötigten Materialien zusammen. Ich habe mich für einen Schoellershammer Reinzeichenkarton 4G dick als Untergrund entschieden, aber auch ein Bogen klassisches Airbrush-Papier wäre für das Motiv möglich. Beide Materialien sind sowohl für Airbrush-Acrylfarben wie auch für das Aufkleben von Maskierfilm optimal geeignet. Ich nutze einen Bogen Maskierfilm für die äußere Umrandung. Ich möchte zum Schluss nämlich einen weißen Rand um das Motiv haben. Außerdem eignen sich natürlich auch schwachklebende Klebebänder, um die Umrandung abzukleben. Oder man verzichtet auf einen Rand und malt das Motiv komplett über den ganzen Bogen. Das kann jeder für sich entscheiden.

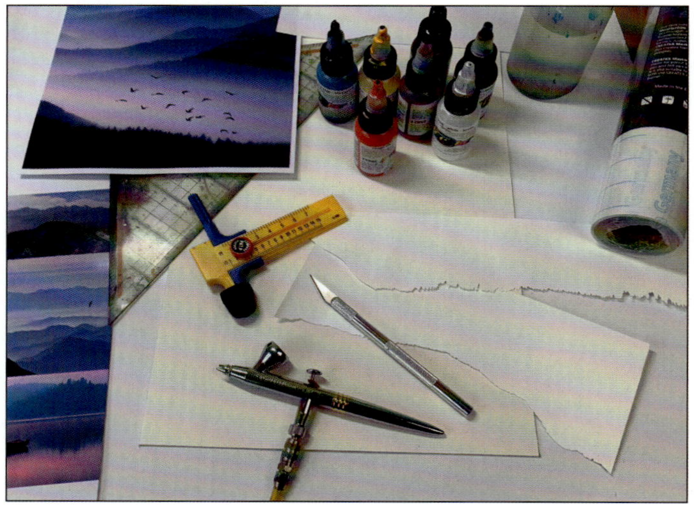

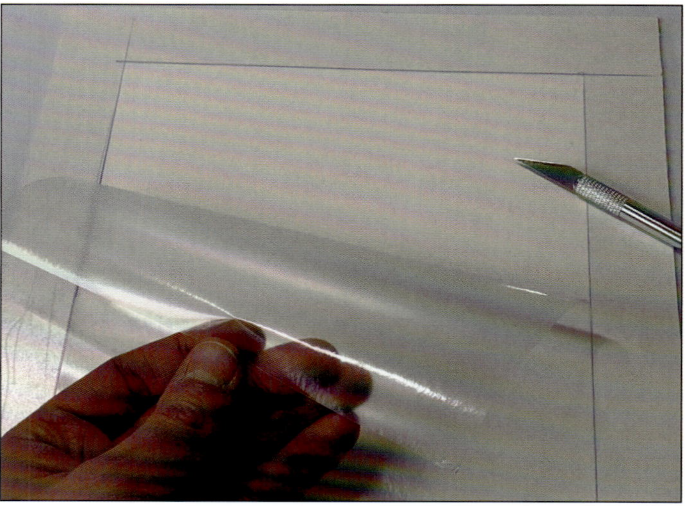

05 Erster Farbauftrag

Was man sonst beim Airbrushen eigentlich lieber vermeiden sollte, ist in diesem ersten Schritt ausdrücklich erwünscht: das fleckige Aufsprühen von Farbe. Ich sprühe Rot, Blau und Magenta unregelmäßig im oberen Drittel des Motivs auf. Das wird die farbliche Untermalung für den Nachthimmel. Mit Blau sprühe ich zusätzlich von den Flecken aus einen leichten Farbverlauf ins Weiß nach unten.

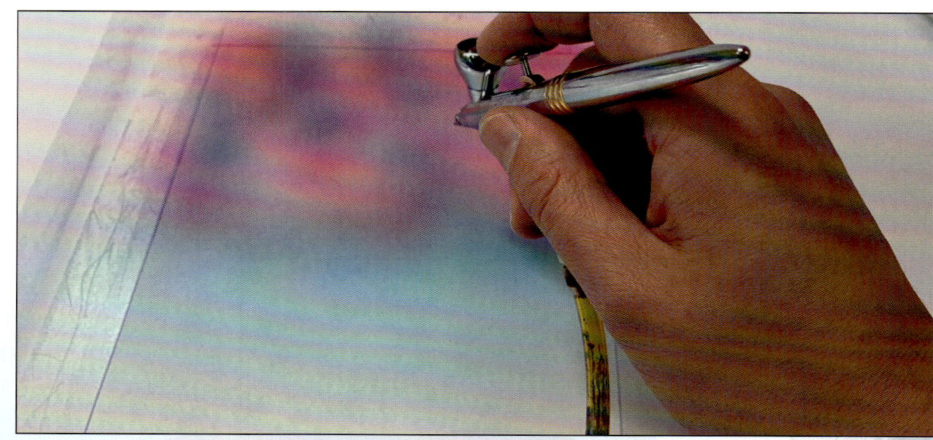

06 Erste Textur

Um zusätzliche Struktur zu erhalten, tupfe ich schon jetzt mit einem zerknüllten Papiertuch und weißer Farbe helle Flecken auf. Das mache ich aber nicht über die ganze Fläche, sondern nur an einigen gebündelten Stellen, an denen später auch weitere Sternhaufen eingesprüht werden. Ich drehe das Tuch dabei in der Luft, damit der Strukturauftrag unregelmäßig erscheint.

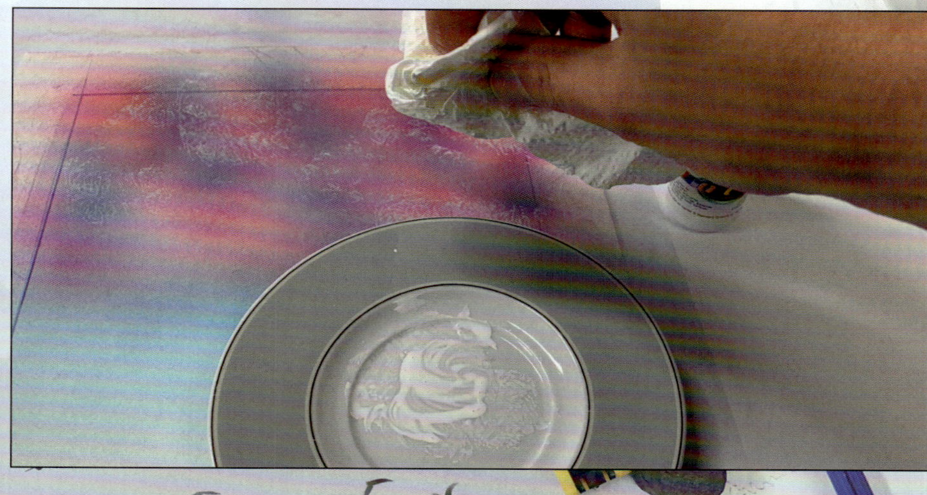

07 Schwarz und mehr Farbe

Jetzt wird der obere Bereich abgedunkelt. Das mache ich mit einem Schwarz-Wasser-Gemisch. Dabei sprühe ich eine Art Farbverlauf von oben nach unten, lasse aber einige bunte Flecken offen. Für mehr Tiefenwirkung übersprühe ich Teilbereiche nochmals mit Blau und Magenta. Bei Bedarf kann man auch nochmal mit einem weißgetränkten Tuch tupfen, um evtl. verlorengegangene Strukturen aufzufrischen.

08 Sternenschicht

Eine erste weiße Sternenschicht soll jetzt entstehen. Dafür nutze ich die Schlauchabknick-Methode. Also, weiße Farbe in den Becher, den Airbrush-Schlauch erstmal komplett zudrücken, dann den Hebel des Airbrush-Gerätes herunterdrücken und nach hinten ziehen. Während man den Hebel herunterdrückt und nach hinten zieht, wird der Schlauch durch Drücken und Loslassen (ich sage mal „pumpen") leicht auf und zu gedrückt. Durch diese Aktion, die man mehrmals hintereinander macht, spuckt das Airbrush-Gerät kleine und größere Punkte auf die Illustration. Idealerweise probiert man das Ganze auf einem dunklen Zettel vorher einmal aus! Alternativen zur Schlauchabknick-Methode gibt es zu Genüge – wie z.B. das starke Reduzieren der Luftmenge am Kompressor. Die erste Sternenschicht kann mit Blau leicht übergenebelt werden, dann tritt diese weiter zurück. Außerdem sprenkle ich ein wenig mit weiteren Farben wie Rot, Gelb und Blau, um zusätzliche Tiefe und Optik zu erlangen. Zum Schluss sprühe ich nochmal mit Weiß für helle klare Sternenpunkte obenauf. Bitte allen Sprenklern immer ausreichend Zeit zum Antrocknen lassen.

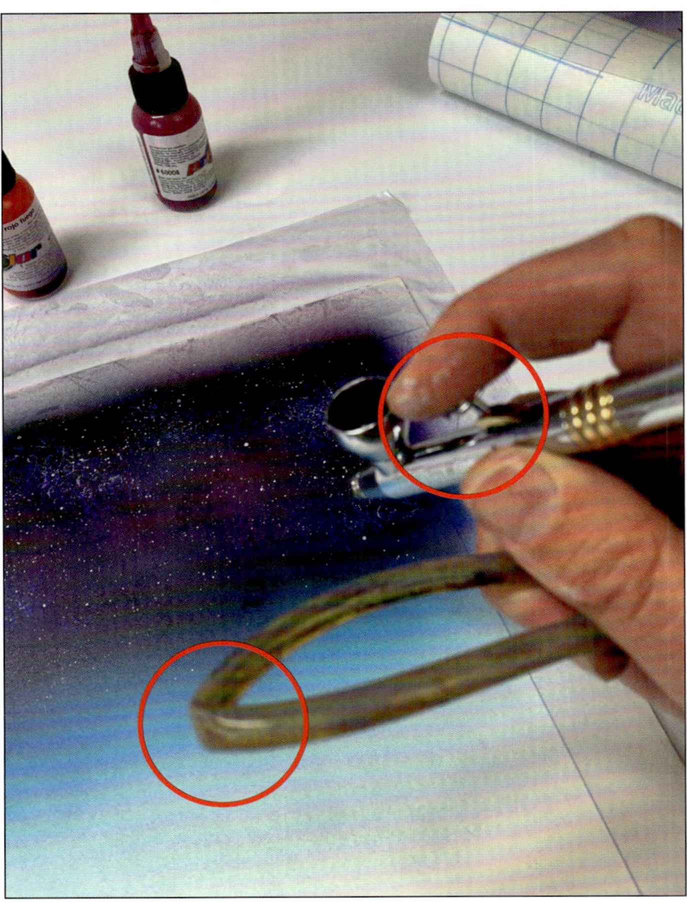

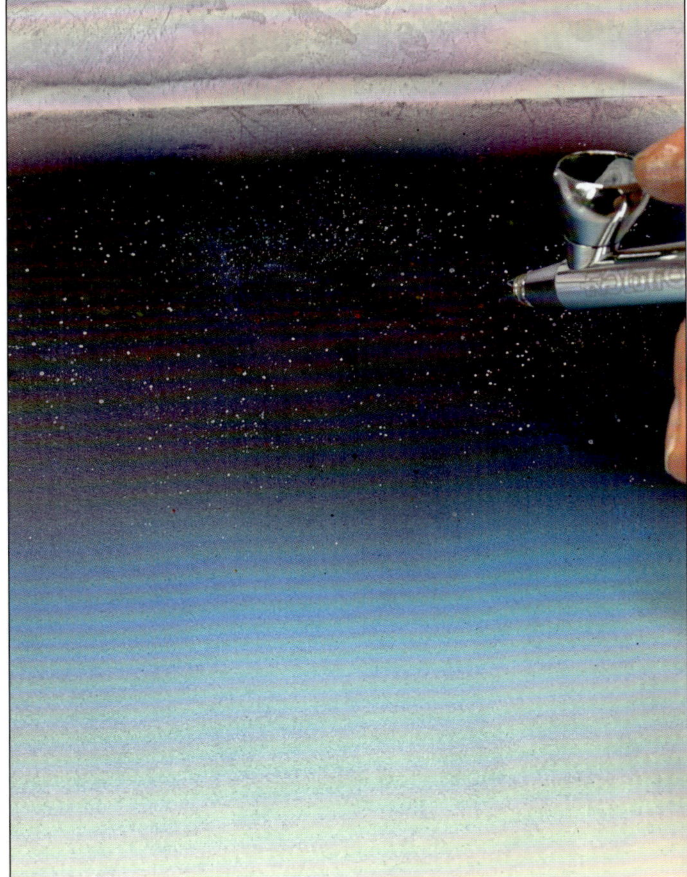

09 Sprühpunkte

Bevor ich am Ende des Entstehungsprozesses funkelnde Sterne aufsprühe, möchte ich an dieser Stelle auch schon mal den einen oder anderen mit einem Sprühpunkt zum Leuchten bringen. Da ich im oberen linken Bereich später noch einen Planeten sprühe, lässt man dort idealerweise die Sprühpunkte erstmal weg. Um einen Sternenpunkt zum Leuchten zu bringen, wird das Airbrush-Gerät senkrecht positioniert, dabei zunächst einmal mit mindestens 5 cm Abstand zum Malgrund. Jetzt drücke ich den Hebel herunter, so dass erstmal nur Luft fließt – dann ziehe ich ganz vorsichtig den Hebel leicht nach hinten, um nur ganz wenig Farbe zu versprühen. Je weiter ich vom Malgrund entfernt bin, umso größer wird der Sprühpunkt. Ist man zu dicht und gibt zu viel Luft, dann haben vor allem Einsteiger oft das Problem, dass die Farbe zerläuft. Daher auch an dieser Stelle wieder der Tipp: Das Ganze vorher auf einem separaten Papierstück ausprobieren. Beachten Sie bei der Verteilung der Sprühpunkte, dass diese nicht alle im selben Abstand zueinander gesprüht werden. Das sieht nicht so schön aus, lieber in Sternenbildoptik die Sterne verteilen.

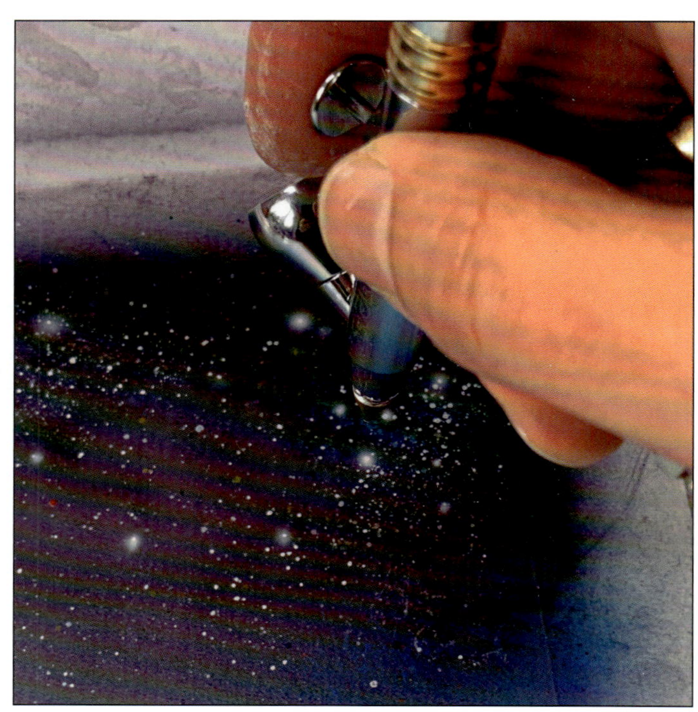

10 Farbverlauf

Im Anschluss optimiere ich noch den Farbverlauf vom Nachthimmel herunter ins Bild. Mit einem Gemisch aus Blau, Weiß und etwas Wasser mische ich einen hellblauen Farbton, den ich von den Sternen nach unten hin auslaufend sprühe. Das Weiß in der blauen Farbe bewirkt, dass die Farbe zartweich und nicht so pixelig im Farbauftrag wirkt. Den Übergang oben ins Dunkle sprühe ich mit Blau und nach unten nutze ich deckendes Weiß, um alles weich auslaufen zu lassen. Bei dem Arbeiten mit Farbverläufen ist es wichtig, dass man nicht zu dicht am Malgrund sprüht, damit keine Streifen entstehen. Außerdem ist es wichtig, dass man von links nach rechts sprüht und wieder von rechts nach links, um einen gleichmäßigen Farbauftrag zu erhalten. Hier heißt das Motto „mit Luft starten und mit Luft enden": Dabei wird der Hebel jeweils zum Rand des Motivs entweder nach vorne gedrückt, um die Farbzufuhr zu stoppen. Oder, wenn man noch nicht so geübt ist, kann man den Hebel auch wieder nach oben kommen lassen, um die Farbe abzustellen. Macht man das nicht konzentriert, gibt es einen höheren Farbverbrauch und es kommt zu Flecken und nassen Farbhaufenbildung an den Seiten des Motivs. Bei korrekter Nutzung ist der Farbauftrag in wenigen Sekunden auf einem Airbrush-Karton/-Papier getrocknet.

11 Externe Übung: Gerissene Bergspitzen

Bevor die nebelige Berglandschaft gesprüht wird, möchte ich anhand eines kleinen Beispiels vorab aufzeigen, wie das Prinzip mit gerissenen Papierkanten funktioniert – also eine kleine Übungsphase zwischendurch. Das Zerreißen von Papier hinterlässt eine unregelmäßige Kante, die hervorragend für Hügelketten genutzt werden kann. Die weit entfernten Hügel bekommen nur einen leichten Farbhauch aufgesprüht. Dafür sprüht man weiter entfernt vom Malgrund mit dem Airbrush-Gerät die Farbe vorsichtig auf. Außerdem ist es immer wichtig, die Papierschablone gut aufzulegen, ggf. zu fixieren und alles andere abzudecken, damit man eine scharfe Kontur bekommt. Die Schablone deckt immer den oberen Bereich ab und unten sprüht man dann einen kleinen Farbverlauf von der Kante der Schablone nach unten hin auf. Weitere Bergsilhouetten werden dann nach unten hin Schritt für Schritt dunkler aufgesprüht. Hier kommen dann mehrere Farbschichten zum Tragen, damit es dunkler wird, oder man sprüht etwas näher am Malgrund. Durch diese Prozedur entsteht eine sogenannte „atomsphärische Perspektive“ im Motiv.

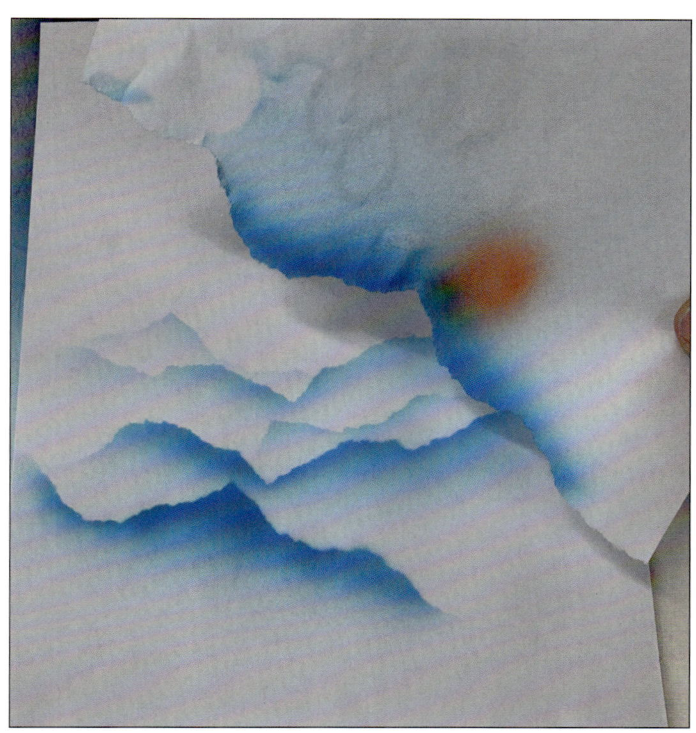

12 Die Berglandschaft

Die Bergsilhouetten starten im zweiten Drittel des Motivs. Ich nutze für den ersten Hügel eine geplottete Schablone. Alternativ kann man sich natürlich aus einem Kopierpapier eine bzw. mehrere Hügelschablonen reißen. Der obere Bereich ist abgedeckt und die Schablone ist mit Gewichten fixiert. Ich mische für diesen Hügel einen Farbton aus Blau und Magenta und sprühe dann einen Farbverlauf von der Kante nach unten hin auf. Dabei sprühe ich etwas mehr Farbe im rechten Bereich als im linken. Wenn alles getrocknet ist, nehme ich die Schablone runter. Jetzt kommt der nächste Berg darunter. Dafür mische ich noch einen Tropfen Schwarz in den vorherigen Farbton hinein, damit dieser dunkler wird.

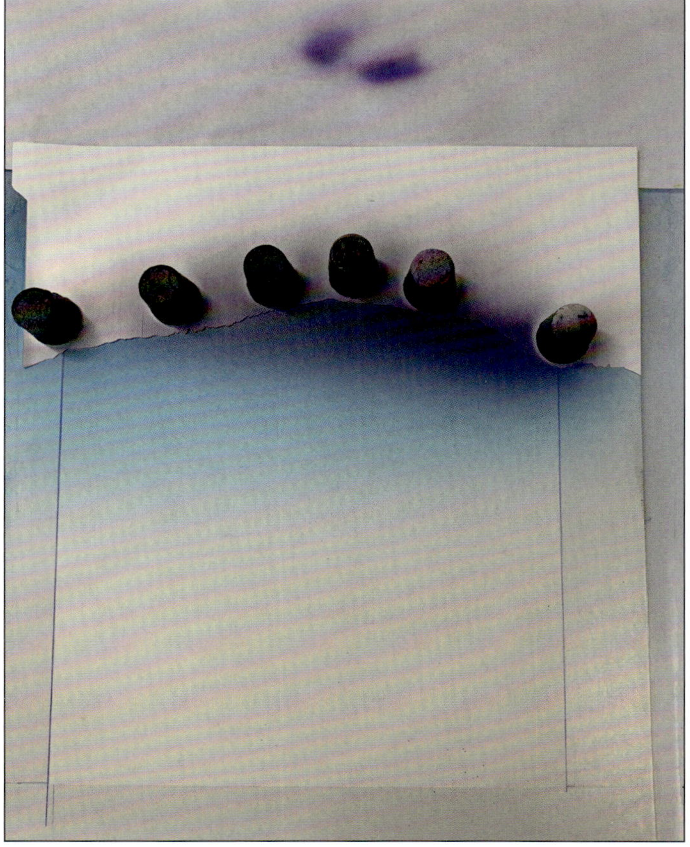

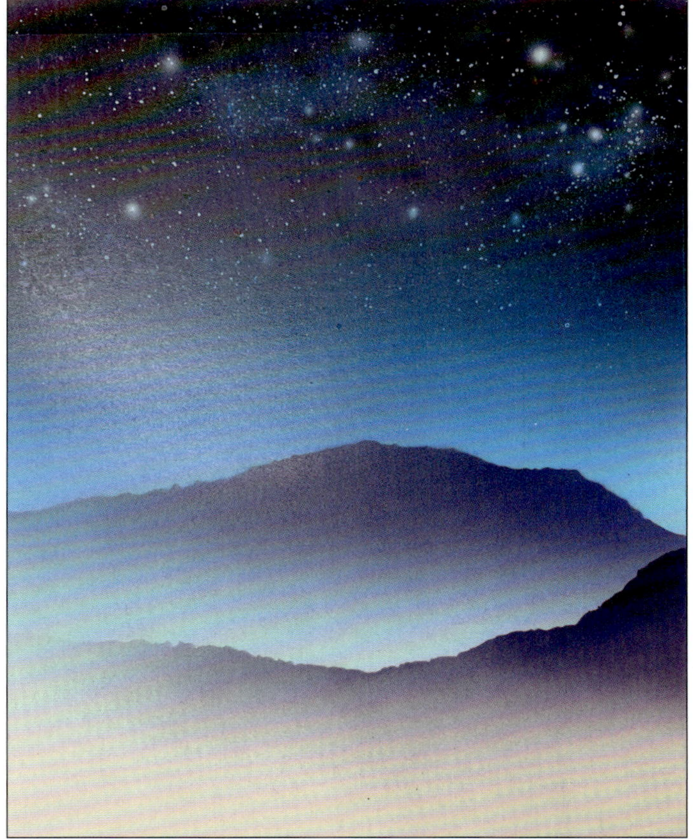

13 Weitere Berge

Wie man sieht: die Technik macht Spaß. Ich sprühe weitere Hügel in der Technik auf – nach unten hin immer etwas dunkler. Ich nutze gerissene Papierschablonen auch für die kleineren Hügel dazwischen. Wichtig ist dabei nur, dass sich die Konturen nicht überkreuzen. Das sieht nicht so gut aus und wäre unnatürlich. Ich lasse den unteren Berg mit einem Farbverlauf ins letzte Motivdrittel auslaufen. Hier muss ausreichend Platz entstehen für meinen vorgesehenen Vogelschwarm.

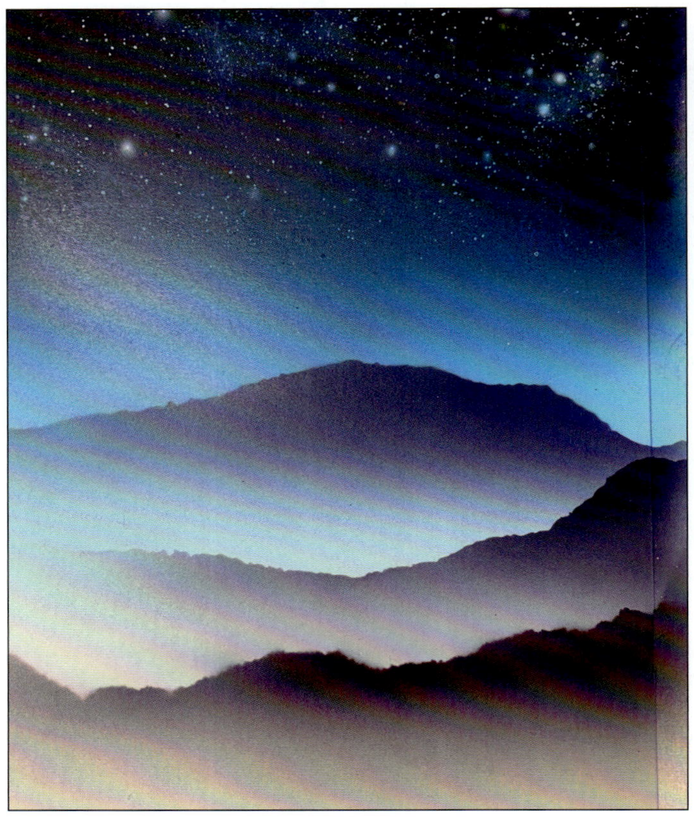

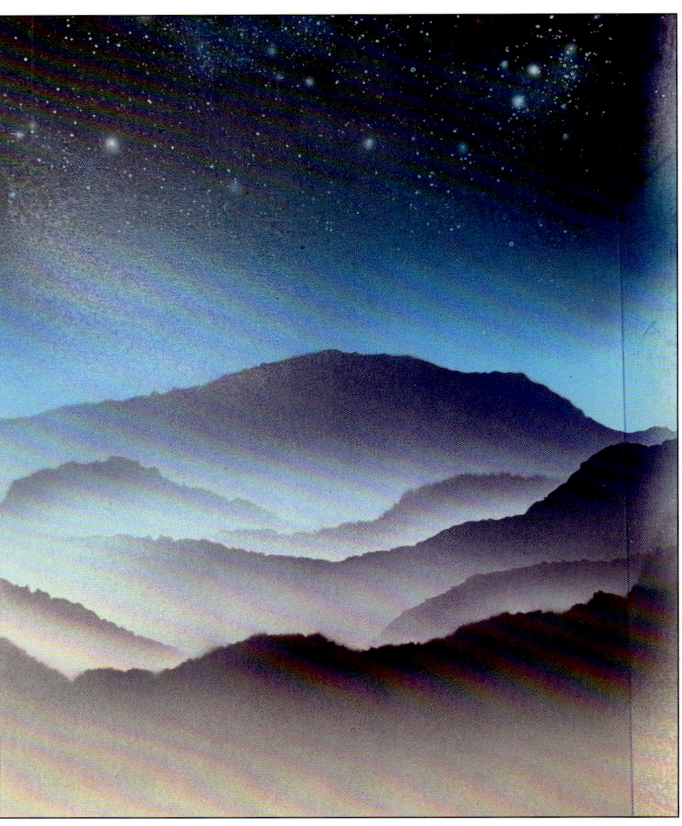

14 Der Wald

Im unteren Motivdrittel kommt eine Waldsilhouette zum Vorschein. Hier nutze ich wieder meine geplottete Schablone. Sowas kann aber auch mit einem Skalpell aus Papier herausgeschnitten werden oder man kann in guter alter Acrylmaltechnik mit einem Pinsel die untere Waldlandschaft einmalen. Ich sprühe mit einem Blau-Schwarz-Gemisch zuerst die ganz dunkle Fläche, und wenn alles getrocknet ist, sprühe ich noch eine hellere Ebene mit einer Blau-Magenta-Schwarz-Mischung darüber.

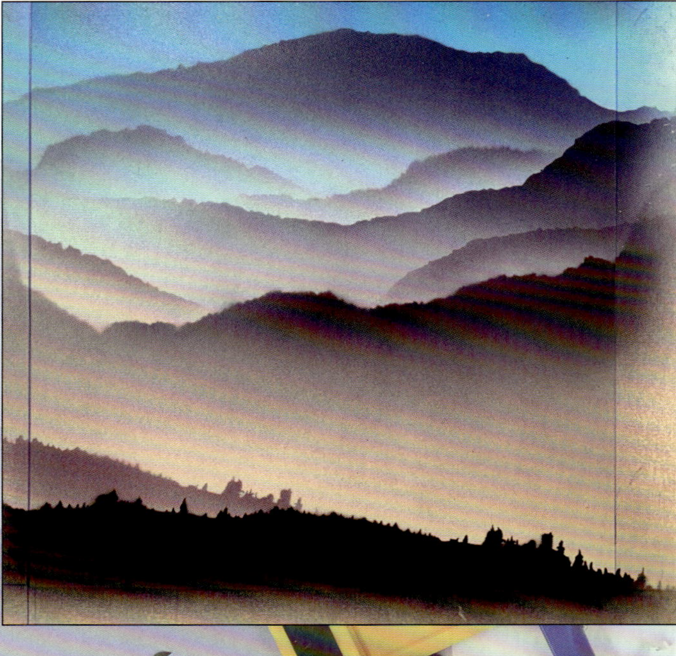

15 Vogelschwarmschablone

Aus meiner ausgedruckten, digital vorbereiteten Vorlage schneide ich mir per Hand eine Vogelschwarmschablone. Das dauert zwar eine Weile, ermöglicht mir aber einen sehr guten, einfachen und effektvollen Farbauftrag. Natürlich kann man die Vögel auch mit einem Pinsel aufmalen. Aber wenn man die Schablone nutzt, hat man die Möglichkeit, die entstandenen Vogelkonturen nicht komplett auszusprühen, sondern mit etwas auslaufenden Farbverläufen zu schattieren. So simuliert man etwas Bewegungsunschärfe beim Flügelschlag und es sieht etwas natürlicher aus. Ich benutze Schwarz mit etwas Wasser, damit die Farbe beim Auftragen nicht so stark sättigt.

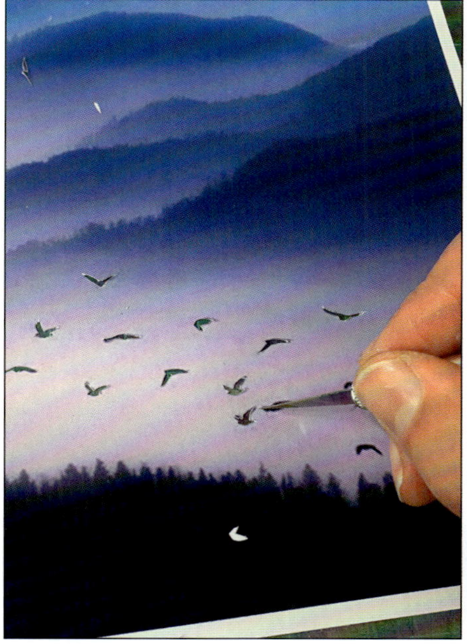

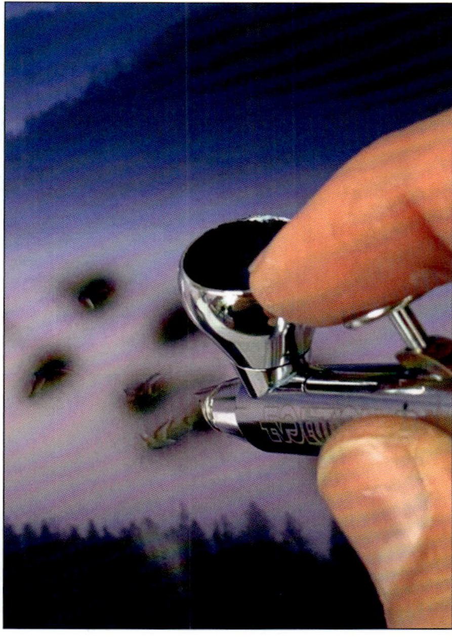

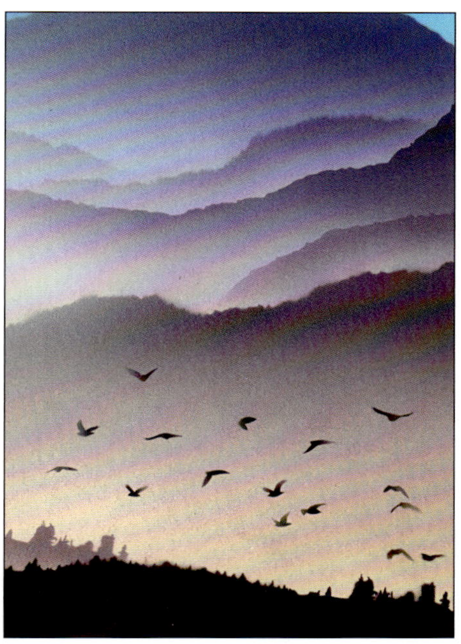

16 Planetenschablone

Für die scharfe Kante des Planeten wird ebenfalls eine Schablone benötigt. Hier hat man die Wahl zwischen einer losen Papierschablone, einer gekauften Plastikschablone oder einer aus Maskierfilm. Ich habe mich für den Maskierfilm entschieden. Das ist ebenfalls gut für Einsteiger, da man nach dem Aufkleben beide Hände frei hat und sicher gehen kann, dass nichts unter die Schablone läuft – auch wenn man mal etwas mehr Farbe versprüht. Mit einem Kreisschneider schneide ich einen 9-10 cm großen Kreis aus. Wichtig ist, dass man auf der Maskierfolienseite schneidet und nicht auf der Seite der Trägerschicht. Denn so muss man nur eine Schicht durchtrennen. Der Kreisschneider wird üblicherweise in Richtung der Klingenschneidefläche, also im Uhrzeigersinn, gedreht. Danach ziehe ich die Maskierung vorsichtig ab und klebe diese oben rechts in das Motiv auf. Damit kein Oberspray in die anderen Bildelemente gelangt, klebe ich mit einem zusätzlichen Stück Papier den unteren Motivbereich ab.

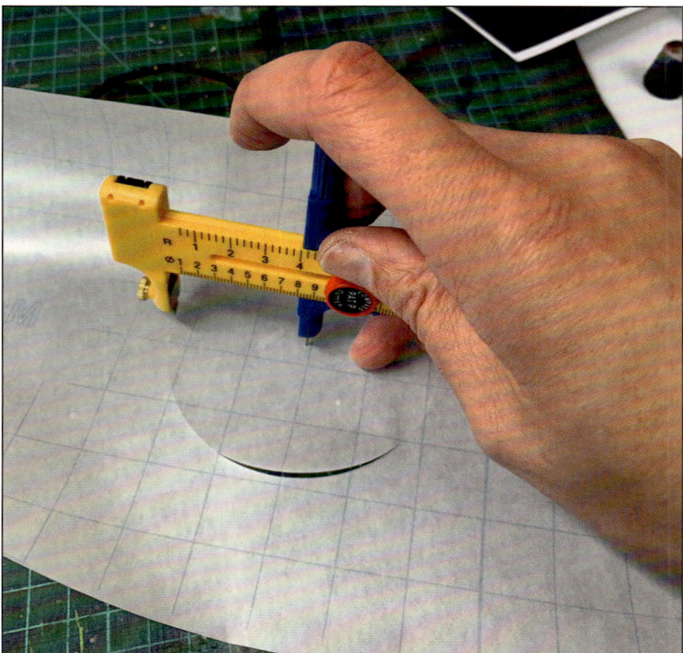

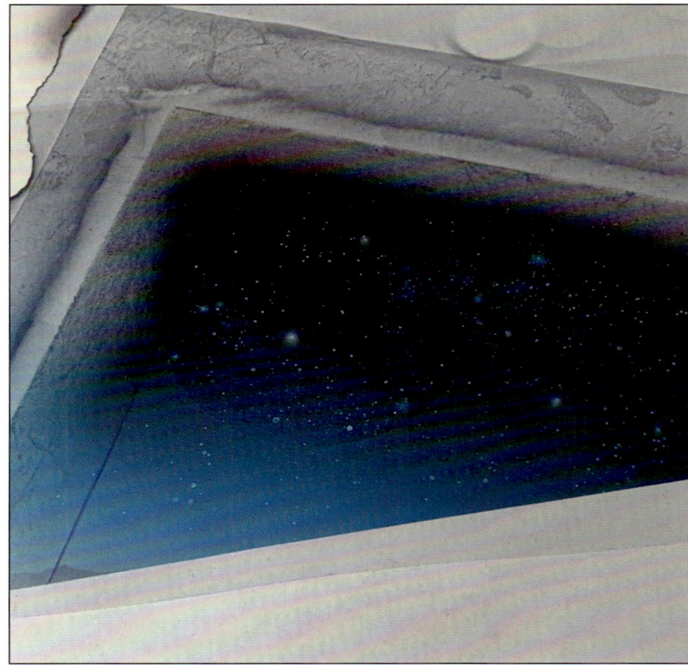

17 Mond-/Planetenstrukturen

Damit der Mond bzw. Planet später eine globale, rundliche Wirkung bekommt, wird dieser auf der rechten Seite hell gestaltet und auf der linken dunkel. Als Erstes tupfe ich Struktur mit einem zerknüllten Papiertuch und weißer Farbe auf die rechte Seite – am Rand mehr und nach links weniger, nur vorsichtig aufgetupfte Farbe. Dann sprühe ich mit deckendem Weiß die rechte Schablonenkante an, so dass dort ein leichter Verlauf nach innen entsteht. Die Struktur verbindet sich mit dem Farbverlauf.

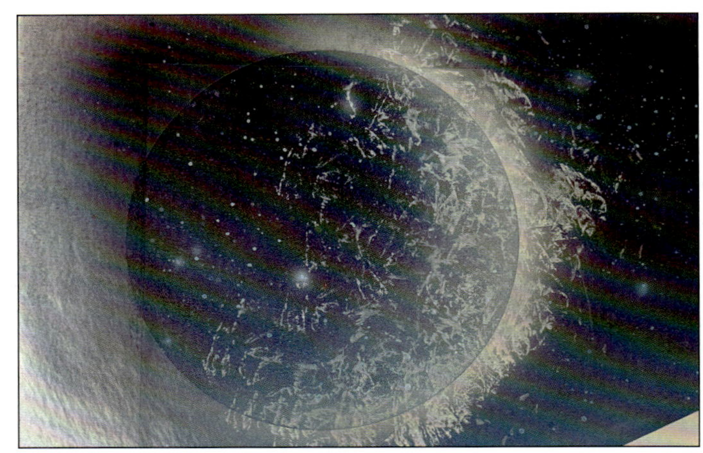

18 Farbige Ausgestaltung

Mit einem transparenten Blau übernebele ich die zuvor aufgetragene Struktur und färbe damit den Planeten ein. Dann wird das Airbrush-Gerät gesäubert und mit einem deckenden Weiß werden dünne gezitterte Linien von der Maskierkante nach innen eingesprüht. Hierbei sollte man drauf achten, dass diese unregelmäßig sind – also mal kürzere, mal längere. Das Sprühen von dünnen, leicht gezitterten Linien sollte man ebenfalls vorher auf einem separaten Bogen ausprobieren. Als Nächstes bekommt er wieder eine zusätzliche Färbung mit Blau und Magenta. Die Lichtkante auf der rechten Seite wird mit Weiß verstärkt und auf der linken Planetenseite sprühe ich eine Schattierung und Strukturen mit transparentem Schwarz. Danach ziehe ich die Maskierung vorsichtig ab.

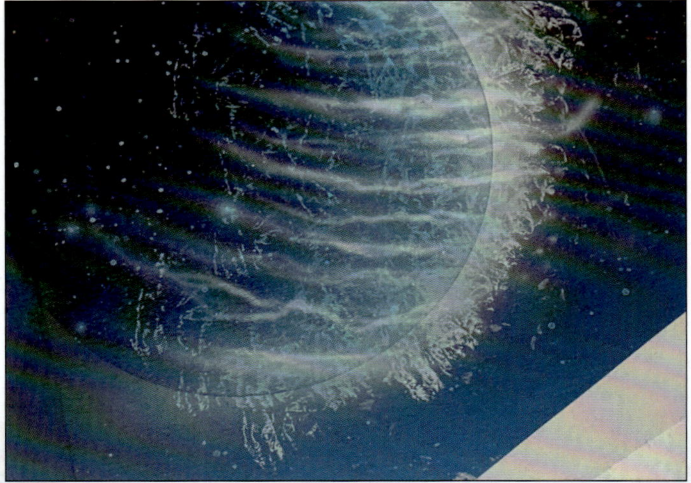

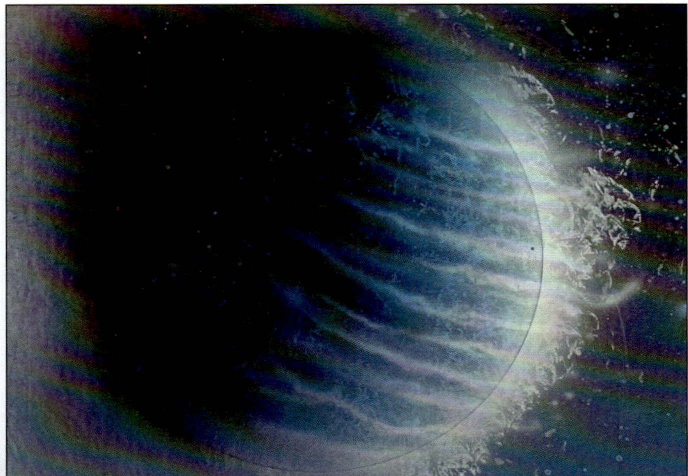

19 Lichtschein

Häufig sieht ein gestalteter Planet oder Mond wie aufgeklebt aus. Um die harte Kante etwas in den Hintergrund zu rücken und dem Himmelskörper noch einen zusätzlichen Schein zu geben, sprühe ich mit Weiß auf der Außenkante ganz vorsichtig einmal ringsum. Dabei soll die Farbe gleichmäßig innerhalb und außerhalb der Kontur ins Motiv gelangen.

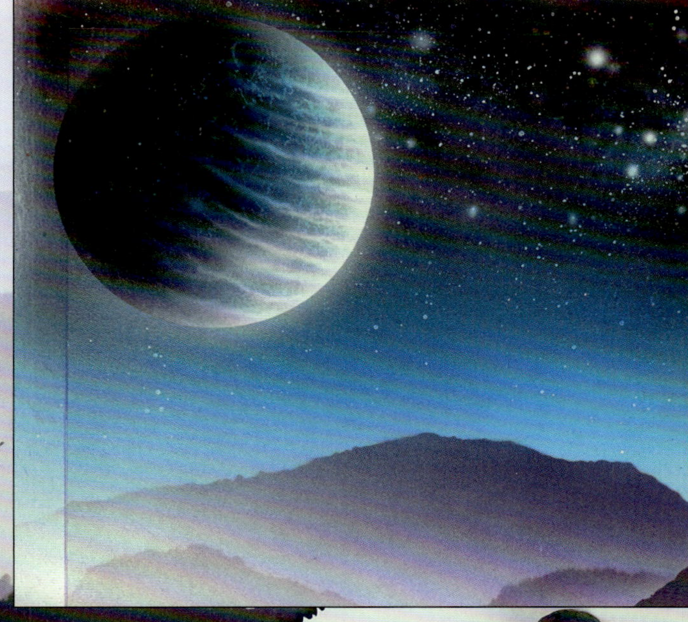

20 Funkelnder Stern

Wie am Anfang versprochen, kommt zum Schluss noch der funkelnde Stern ins Motiv. Jetzt kann man die Position am besten aussuchen, wenn alle anderen Objekte im Motiv aufgemalt sind. Für den Stern schneide ich auch mit Maskierfilm eine Schablone aus. Natürlich kann man hier sehr gut auch gekaufte Schablonen oder selbstgemachte aus Plastik verwenden. Der Maskierfilm hat für den Einsteiger die Vorteile, dass man durchschauen kann und beide Hände frei hat. Man kann sich also wirklich auf den Farbauftrag konzentrieren. Das Ausscheiden wird mit einem Lineal gemacht. Ich schneide ein dünnes Kreuz mit einer Kantenlänge von 4 cm aus. Dann klebe ich den Maskierfilm ins Motiv und sprühe nur in die Mitte etwas Weiß. Die Farbe verteilt sich dann in der Kreuzform durch das natürliche Overspray nach außen. Wichtig ist, dass die Form nicht komplett ausgesprüht wird, denn dann hätte man nicht diesen leuchtenden Sterneneffekt, sondern nur ein weißes Kreuz am Himmel.

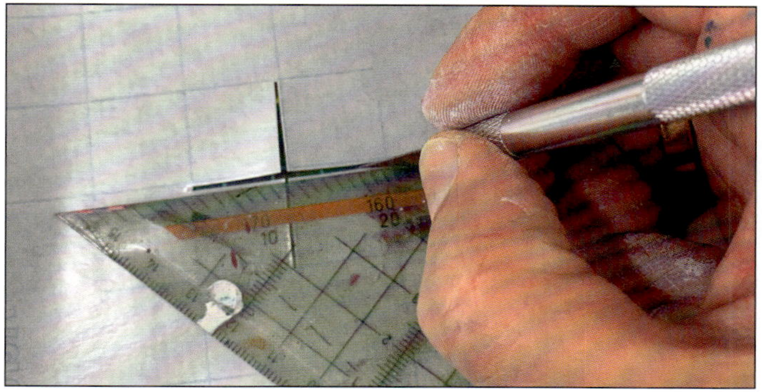

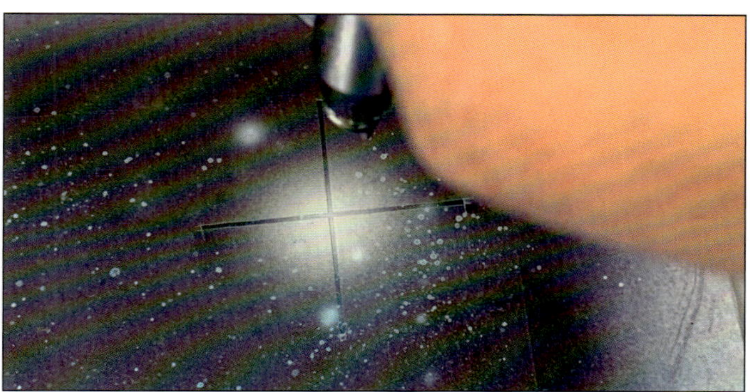

21 Letzte Schritte

Der zuvor aufgesprühte Stern wird zum Schluss mit einem Sprühpunkt in der Mitte zum Leuchten gebracht. Ich sprühe mit derselben klebenden Maskierung noch einen weiteren Stern auf und fülle damit den noch leer wirkenden Raum. Als Letztes entferne ich den Maskierfilm vom Außenrand und erhalte so meine fertige Landschaft in früher Morgendämmerung. Wer möchte, kann anstelle von Blau und Magenta auch eine andere Farbkombination ausprobieren und eine andere Positionierung der Objekte vornehmen. Vorlagenmotive, Skizzen und Schablonenkonturen zu diesem Motiv finden Sie im Online-Downloadbereich zu diesem Buch (siehe Seite 4).

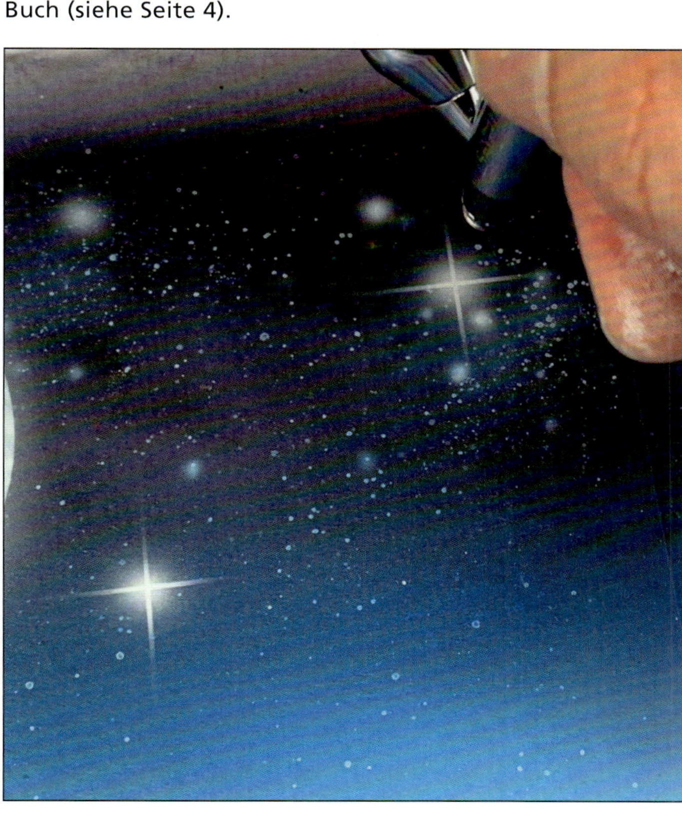

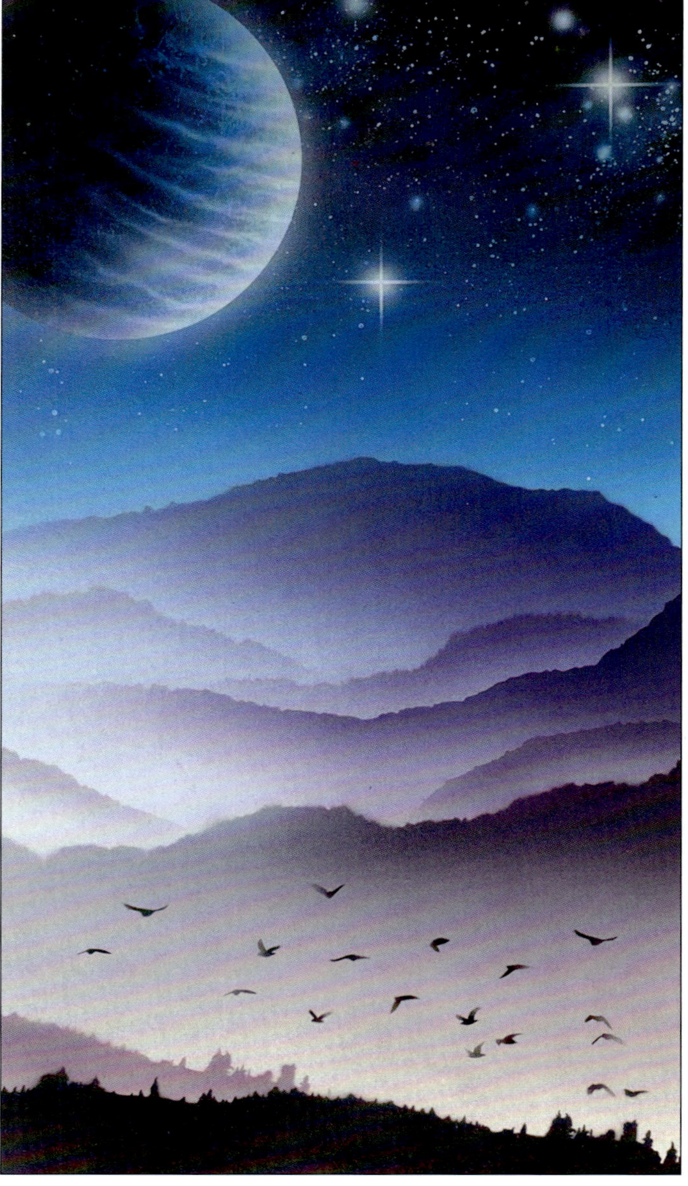

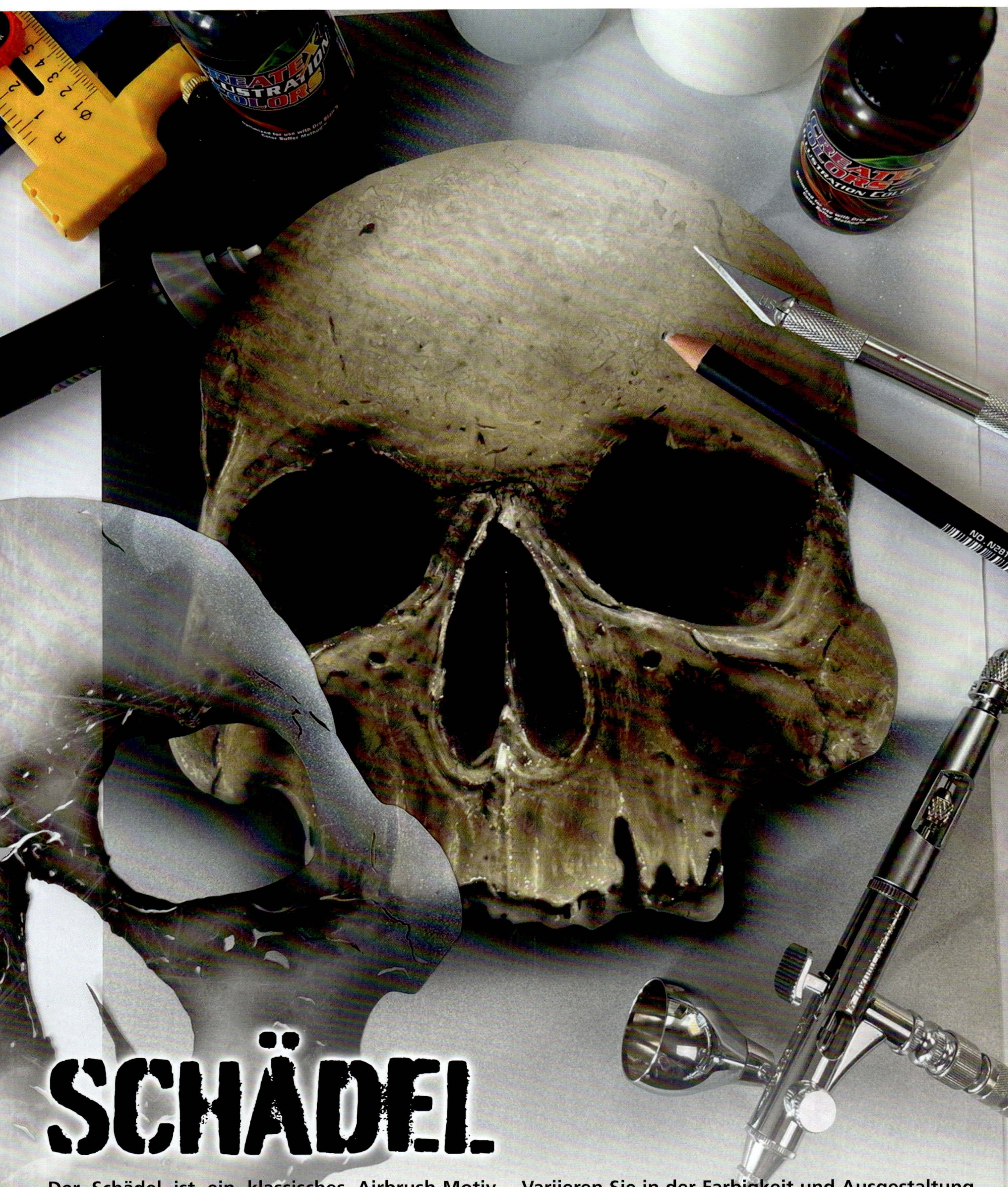

SCHÄDEL

Der Schädel ist ein klassisches Airbrush-Motiv. Lernen Sie mit dieser Übung, wie Sie dieses Schädelmotiv in Mischtechnik auf Synthetikpapier umsetzen. Erkunden Sie diesen speziellen Malgrund. Variieren Sie in der Farbigkeit und Ausgestaltung des Hintergrundes und beschäftigen Sie sich mit der Anatomie des Schädels.

GRUNDAUSSTATTUNG – Schädel

Airbrush: Double Action Airbrush mit feiner Düse

Farben: Createx Illustration Colors: Black 5051, Burnt Umber 5062, Opaque White 5068

Untergrund: CREATEX Synthetisches Papier

Zubehör: Radierstift, Elektroradierer, Kreisschneider, Skalpell, Teller, Papiertücher. Airbrush Cleaner, ASBS Skull Stencil Set

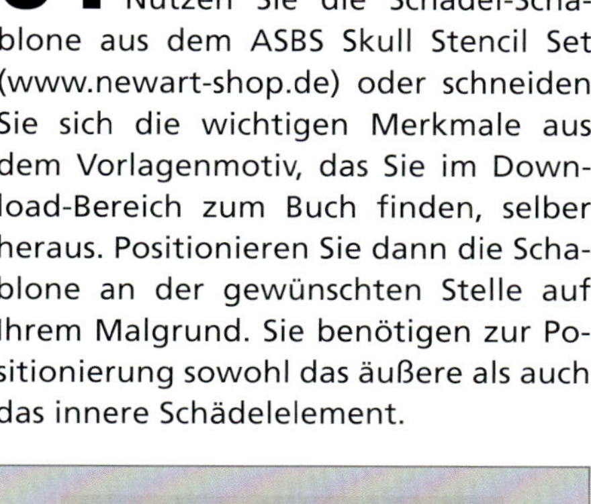

01 Schablone ausrichten

Nutzen Sie die Schädel-Schablone aus dem ASBS Skull Stencil Set (www.newart-shop.de) oder schneiden Sie sich die wichtigen Merkmale aus dem Vorlagenmotiv, das Sie im Download-Bereich zum Buch finden, selber heraus. Positionieren Sie dann die Schablone an der gewünschten Stelle auf Ihrem Malgrund. Sie benötigen zur Positionierung sowohl das äußere als auch das innere Schädelelement.

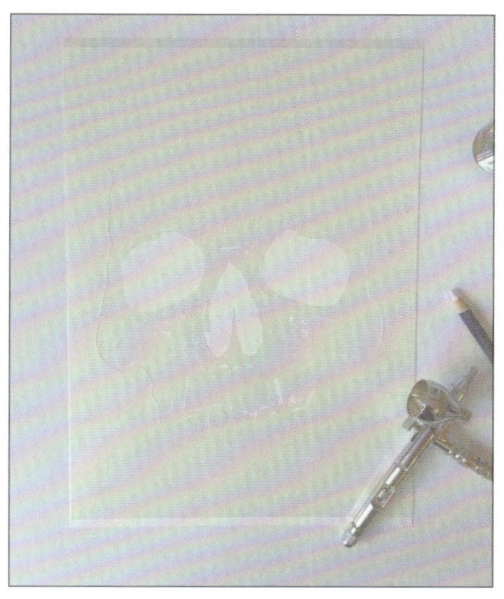

02 Schablone ausrichten

Mischen Sie dann Createx Illustration Black mit Wasser, um die Farbe weicher und transparenter einzustellen. Durch die Hinzugabe von Wasser lässt sich die Farbe auch besser radieren. Sprühen Sie dann einmal um den Schädel leicht herum, um seine Form auf dem Malgrund zu positionieren. Sprühen Sie auch über alle Ritzen und Rillen, um diese abzubilden. Innerhalb der Augen- und Nasenhöhle sprühen Sie wolkig die Farbe auf. An den inneren Augenhöhlen mehr Farbe als nach außen. Dieser Vorgang geht recht schnell, achten Sie aber darauf, dass Sie vorsichtig in leichten Schichten sprühen, damit die Farbe auf dem Synthetikpapier nicht schwimmt.

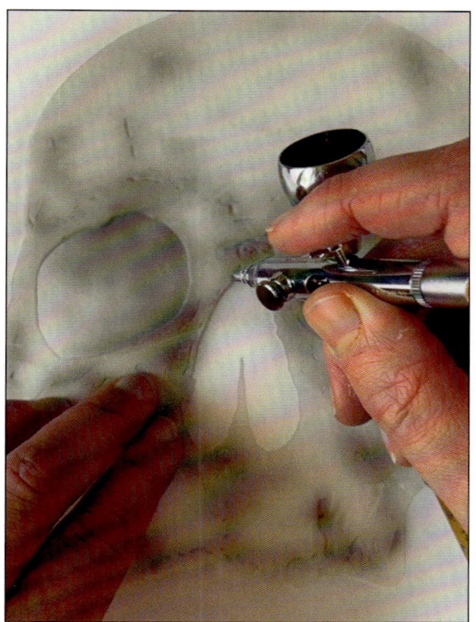

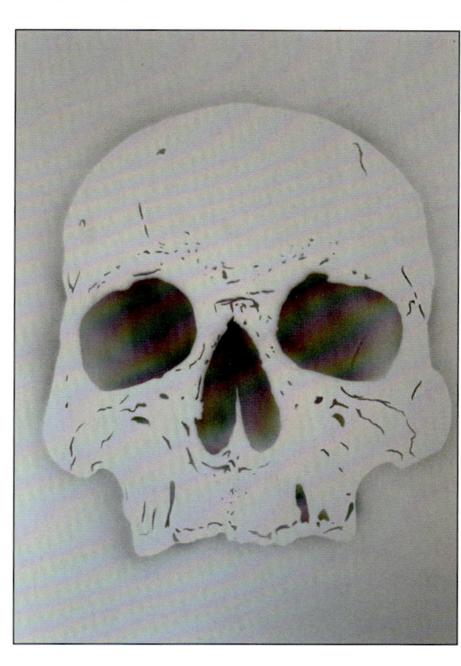

03 Schattierungen sprühen

Legen Sie die äußere Schablone wieder auf als Begrenzung. Jetzt werden die ersten groben Schattierungen aufgesprüht. Damit definieren Sie durch Licht und Schatten die Formgebung des Schädels und sprühen eine erste Farbschicht auf. Nutzen Sie immer noch die Schwarz-Wasser-Mischung für einen transparenten Farbaufbau. Sprühen Sie am Rand des Schädels und am Rand der Augen- und Nasenhöhle. Dadurch entstehen die ersten Knochenformen. Achten Sie darauf, dass oben rechts eine Lichtquelle offen gelassen wird. Die roten Pfeile geben Hinweise auf Sprührichtung und Schattenformen.

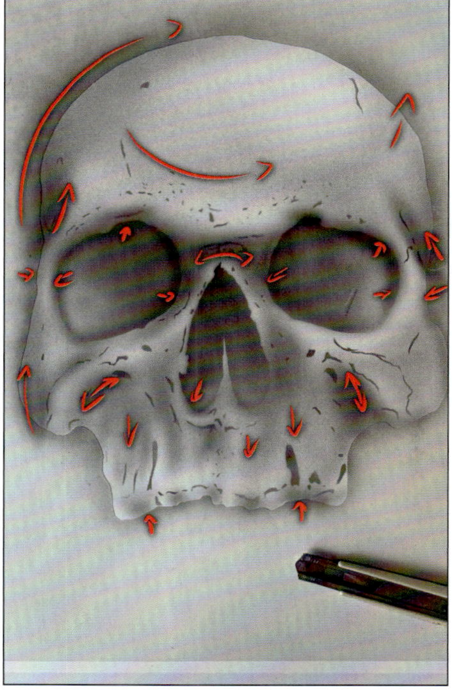

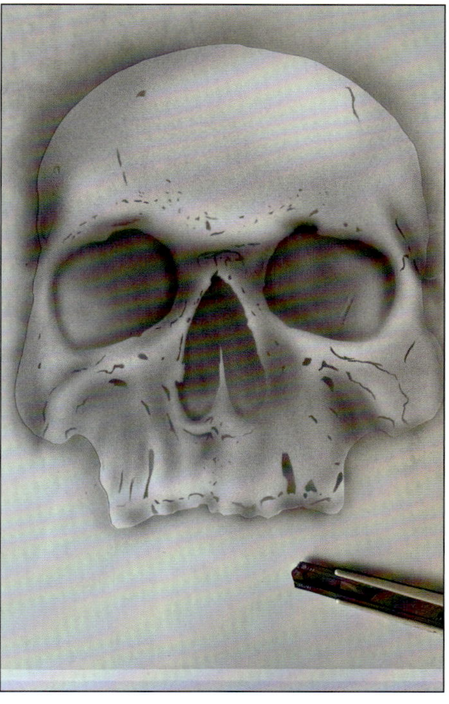

04 Anlösen der Farbe

Um schnell eine interessante Schädelstruktur zu bekommen, nutzen Sie die positiven Eigenschaften des Synthetikpapiers. Mit Hilfe von einem handelsüblichen Airbrushcleaner oder ähnlichem Lösemittel (hier bitte vorher auf der Rückseite kurz testen) sowie einem Papiertuch können Sie die zuvor aufgesprühte Farbe durch Tupfen anlösen. Sollte der Cleaner zu stark anlösen, können Sie Wasser dem Cleaner hinzufügen. Im Grunde können Sie überall ein wenig tupfen. Diesen Schritt können Sie bei Bedarf auch wiederholen.

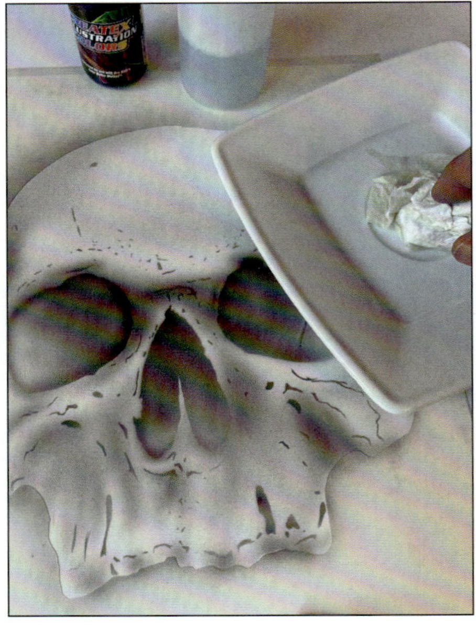

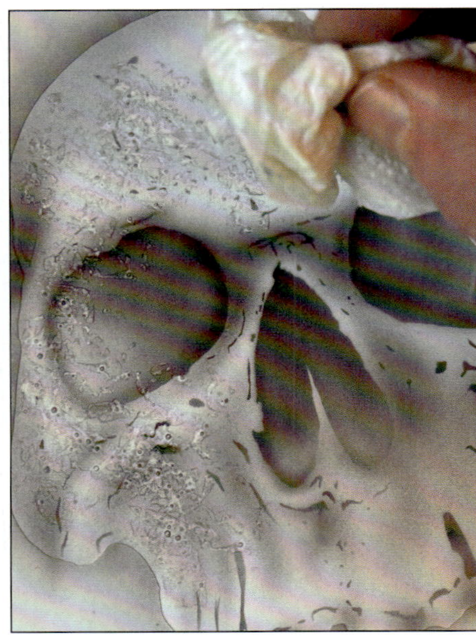

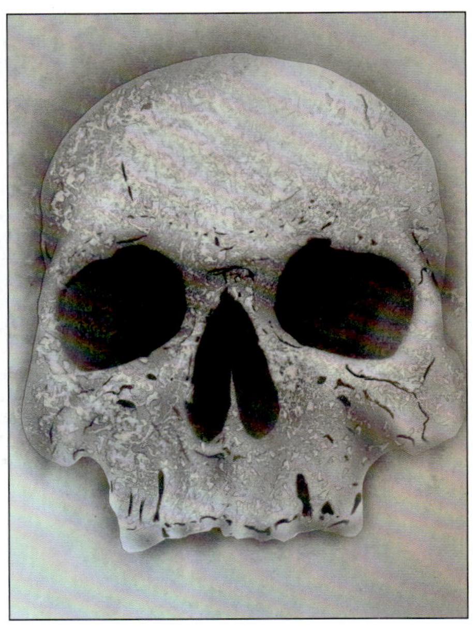

05 Ausgestaltung der Schattierungen

Sollte durch das Tupfen Augen- und Nasenhöhle etwas gelitten haben, greifen Sie einfach wieder zur Schablone und dunkeln die Bereiche noch einmal ab. Ebenfalls mit einer Schwarz-Wasser-Mischung kommen jetzt die ersten detaillierten Schattierungen dazu. Vergleichen Sie dazu jederzeit mit der Fotovorlage. Die Außenschablone bleibt dabei aufliegend, damit der Schädelrand scharf bleibt. Arbeiten Sie dichter am Malgrund, um die Schattierungen feiner auszuarbeiten. Die zuvor aufgesprühten Details und Strukturen der inneren Schablonen dienen zur Orientierung, von wo oder bis wohin die Schattierungen gesprüht werden müssen. Sprühen Sie ebenfalls dunkle Flecken, um die Struktur weiter zu optimieren. Lassen Sie helle Knochenbereiche etwas aus, damit ein dreidimensionaler Eindruck entsteht.

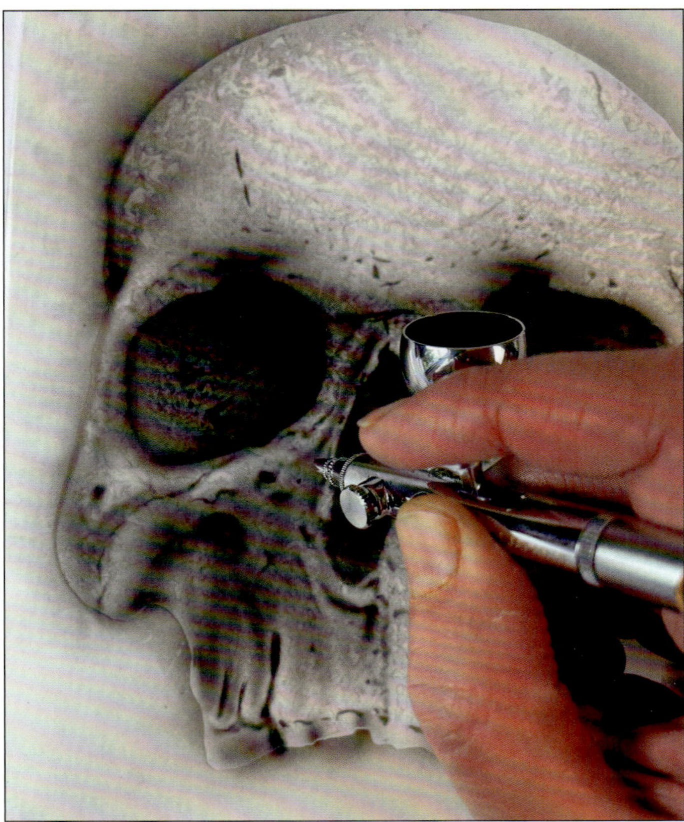

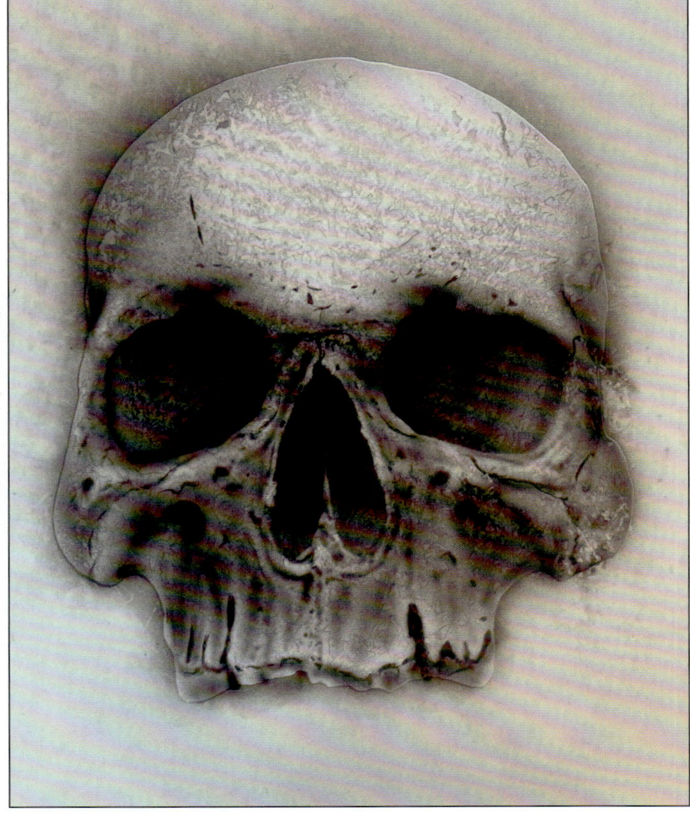

06 Helle Bereiche und Details

Mit dem beiliegenden Radierstift können Sie jetzt helle Details, Lichtkanten und Strukturen herausradieren. Starten Sie dabei mit etwas leichtem Druck, um zu prüfen, wie sich die Farbe von der Oberfläche radieren lässt. Für kleinere Details, Strukturen und Highlights verwenden Sie einen Elektroradierer. Keine Angst, sollte einmal zuviel Farbe wegradiert sein, können Sie mit einer transparenten Schwarz-Wasser-Mischung wieder darüber arbeiten. Vergleichen Sie mit der Fotovorlage und radieren Sie so viele Details, wie Sie für Ihr Motiv benötigen.

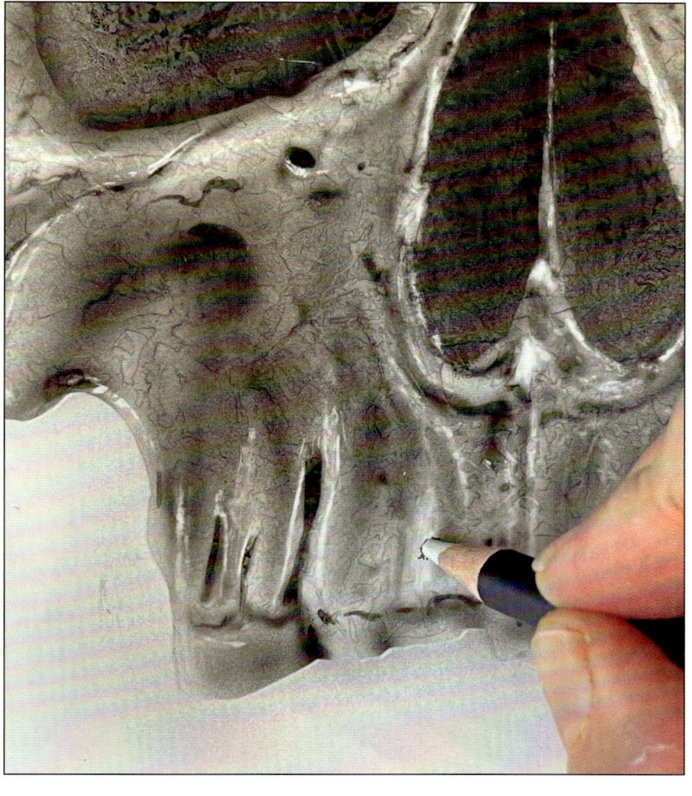

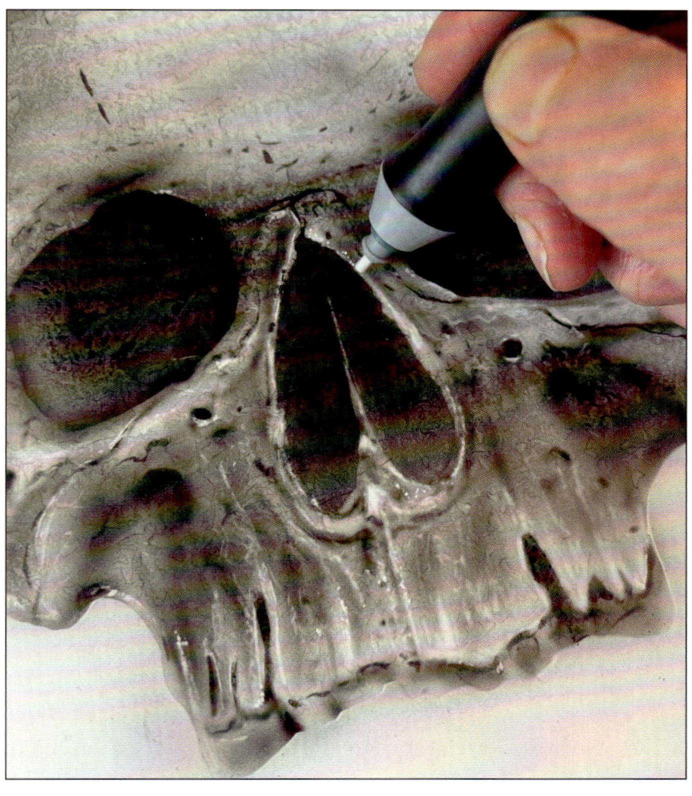

07 Vorbereitung für die farbliche Ausgestaltung

Neben Radierstift und Elektroradierer können Sie auch ein Skalpell einsetzen, um feinste Details aus dem Synthetikpapier herauszuschaben. Benötigen Sie weitere Strukturen, dann greifen Sie wieder zum Airbrushgerät und sprühen mit kleinen Sprühpunkten zusätzliche Flecken auf. Auch ein wolkiges Spritzbild hinterlässt Strukturen. Dunkeln Sie bei Bedarf die Schatten noch nach, bedenken Sie aber dabei, dass noch ausreichend Helligkeit vorhanden sein muss, damit die nachfolgende Farbe sich noch darstellen kann.

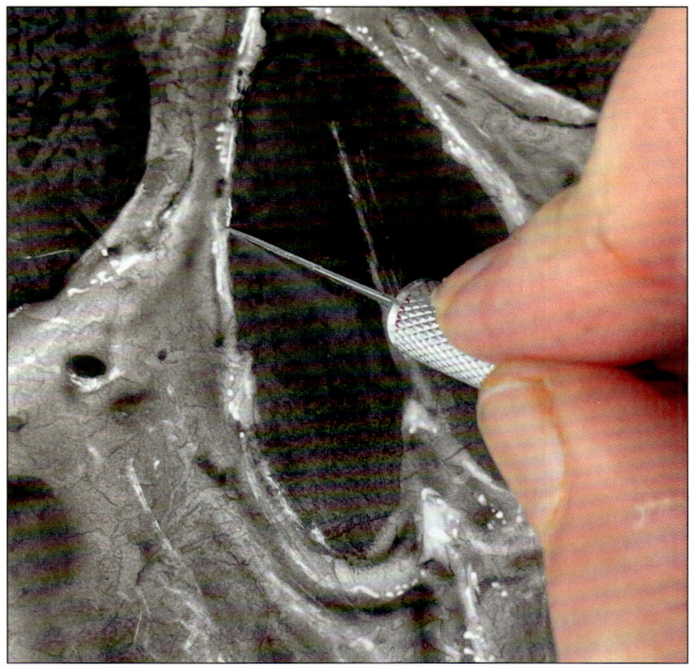

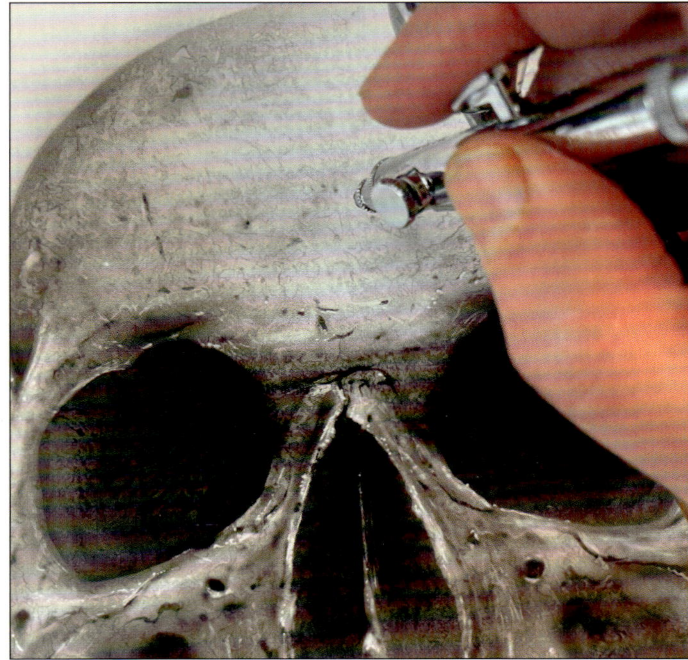

08 Einfärben des Schädels

Mit einer Mischung aus Burnt Umber, ganz wenig Schwarz und viel Wasser mischen Sie einen transparenten Braunton. Natürlich können Sie dem Schädel auch andere Farben geben. Dieser Prozess des Einfärbens geht jetzt rasend schnell. Achtung: Außenschablone zuerst auflegen! Sprühen Sie die Mischung vorsichtig mit genug Abstand zum Malgrund auf. Sie sehen, die Schwarz-Weiß-Farbkonstruktion bietet die Basis und die hellen Bereiche nehmen den braunen Farbton an. Arbeiten Sie anschließend mit Ihren Werkzeugen noch benötigte Highlights heraus.

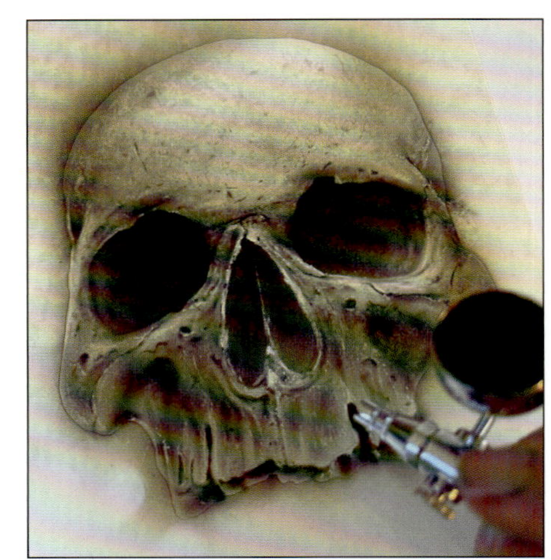

09 Hintergrund

Decken Sie nun wieder den Schädel mit der Schablone zu und legen Sie als Schablone für die Tischkante im Motiv ein Kopierpapier im unteren Bereich quer darüber. Sprühen Sie jetzt mit einer grauen Mischung aus Schwarz, Weiß und Wasser am Rand des Bogens und unterhalb des Schädels eine Schattierung bzw. Schattenwurf. Verstärken Sie den Schatten mit transparentem Schwarz.

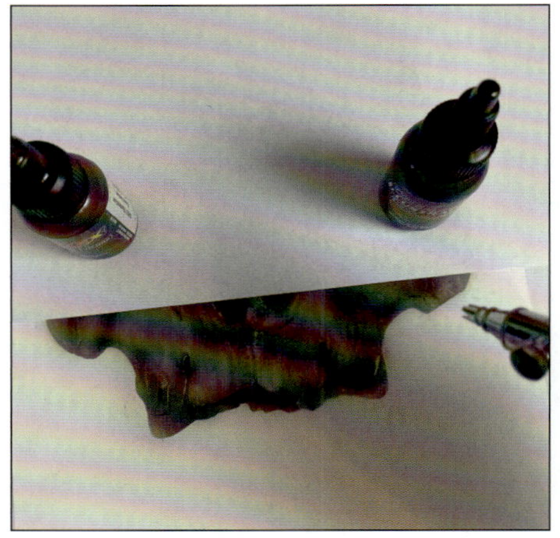

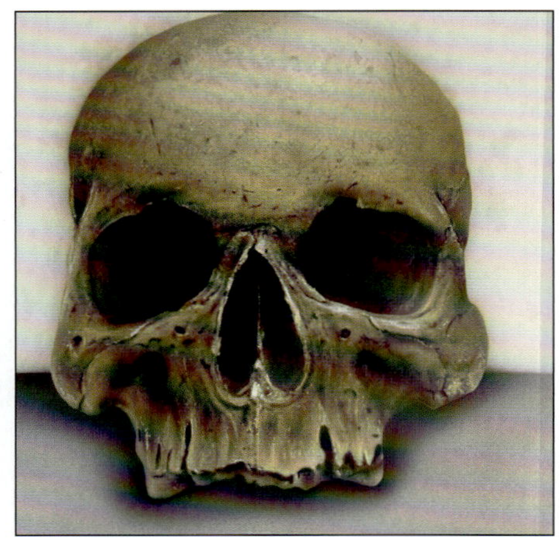

10 Lichtspiel

Lassen Sie den Schädel noch abgedeckt und sprühen Sie oben links auf den Bogen unscharfe dunkle Flecken als Hintergrund auf. Sprühen Sie dann auf der rechten Seite transparente schwarze Streifen von oben nach unten. Mit deckendem Weiß von Createx und einer zuvor ausgeschnittenen Kreisschablone sprühen Sie zum Schluss noch weiße Lichtflecken auf. Prüfen Sie noch mal alle Details und arbeiten Sie bei Bedarf diese noch einmal nach. Viel Spaß beim Kreieren eigener Schädel-Motive!

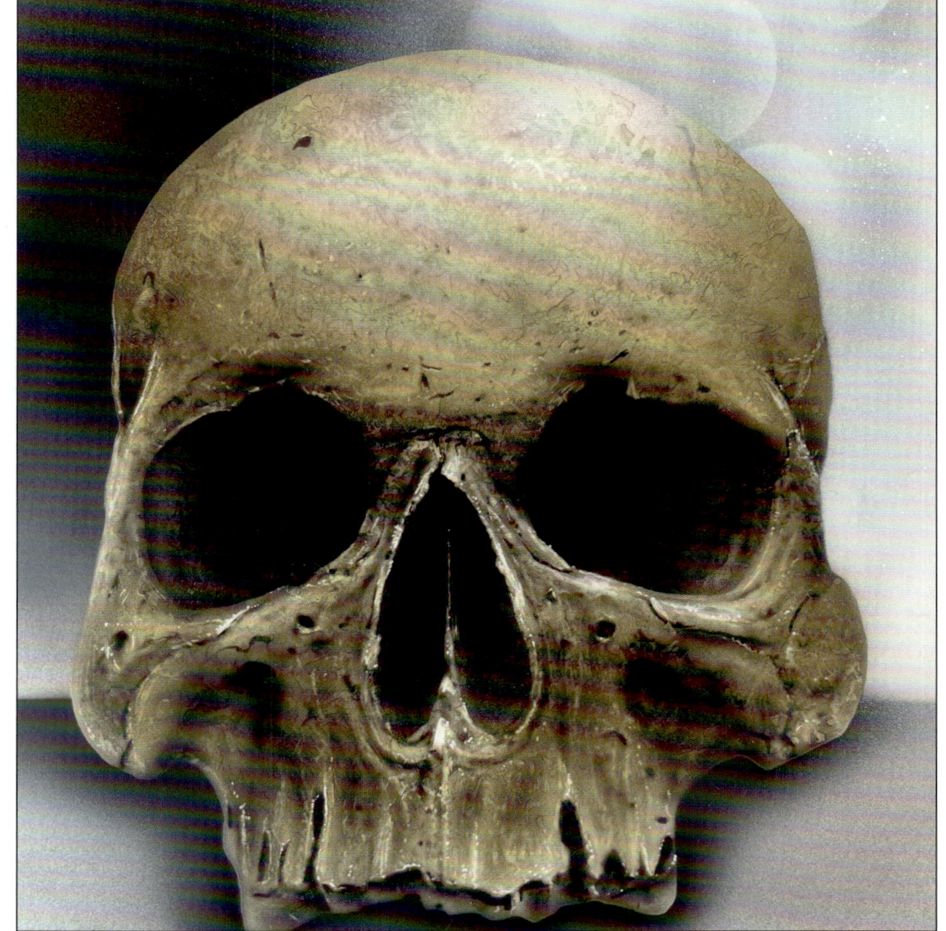

Referenzfotos

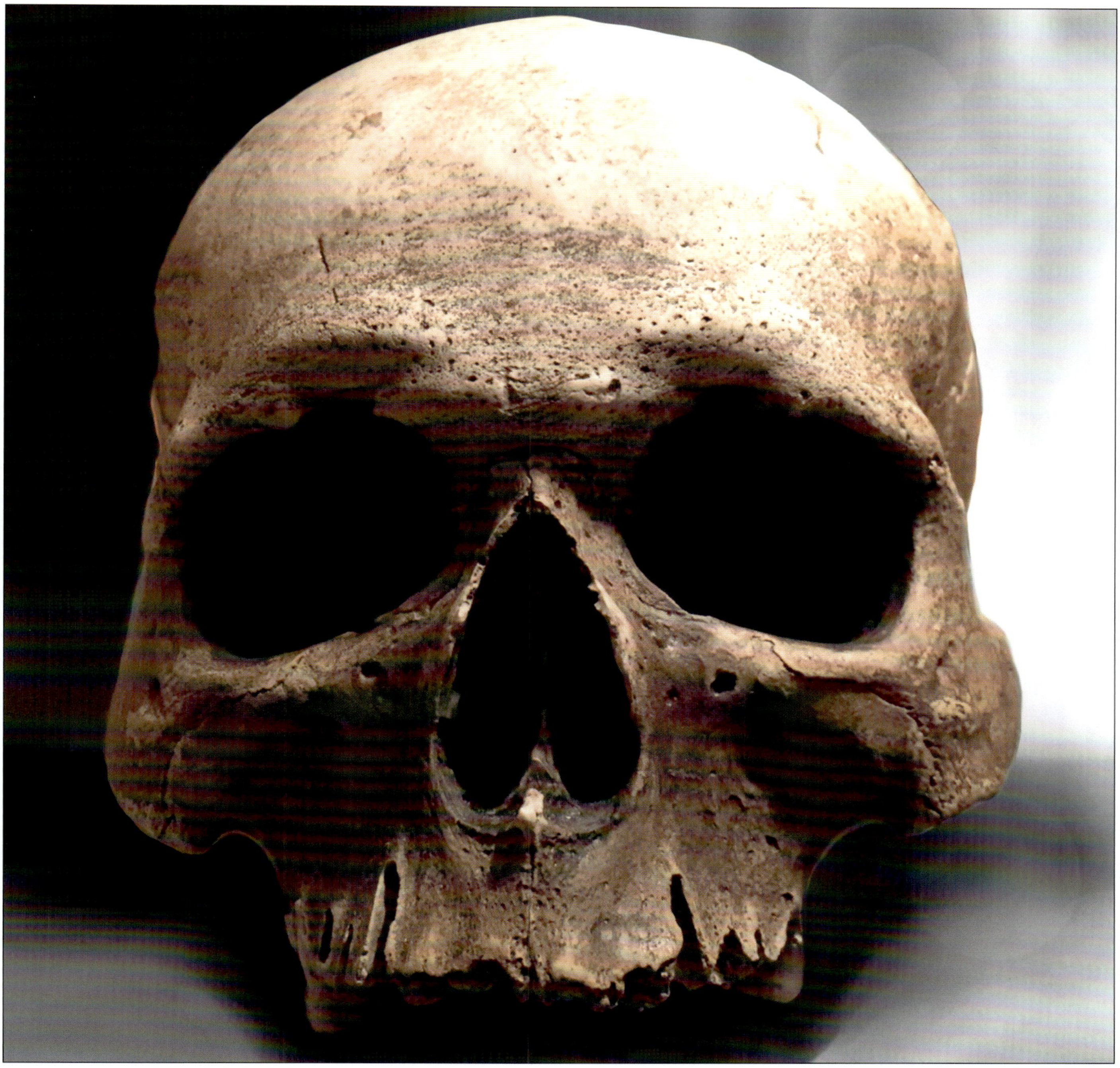

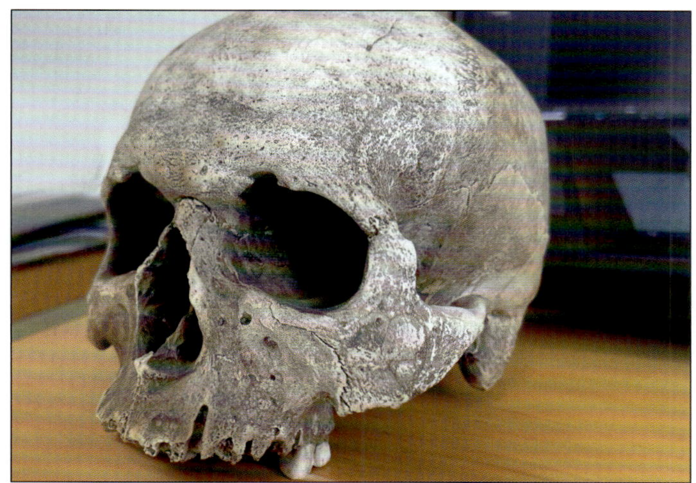

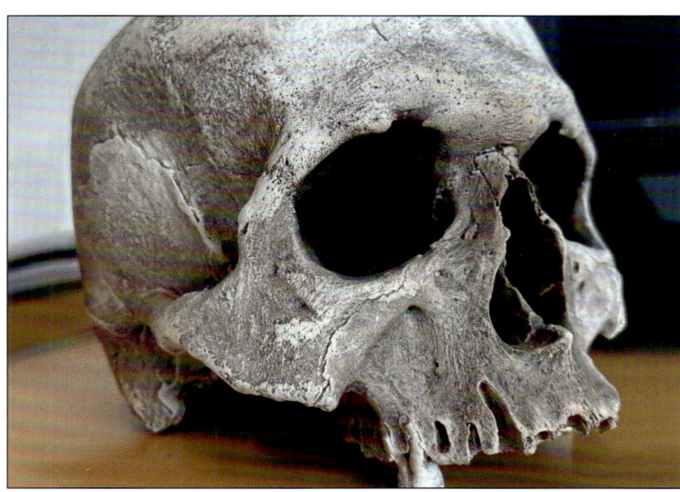

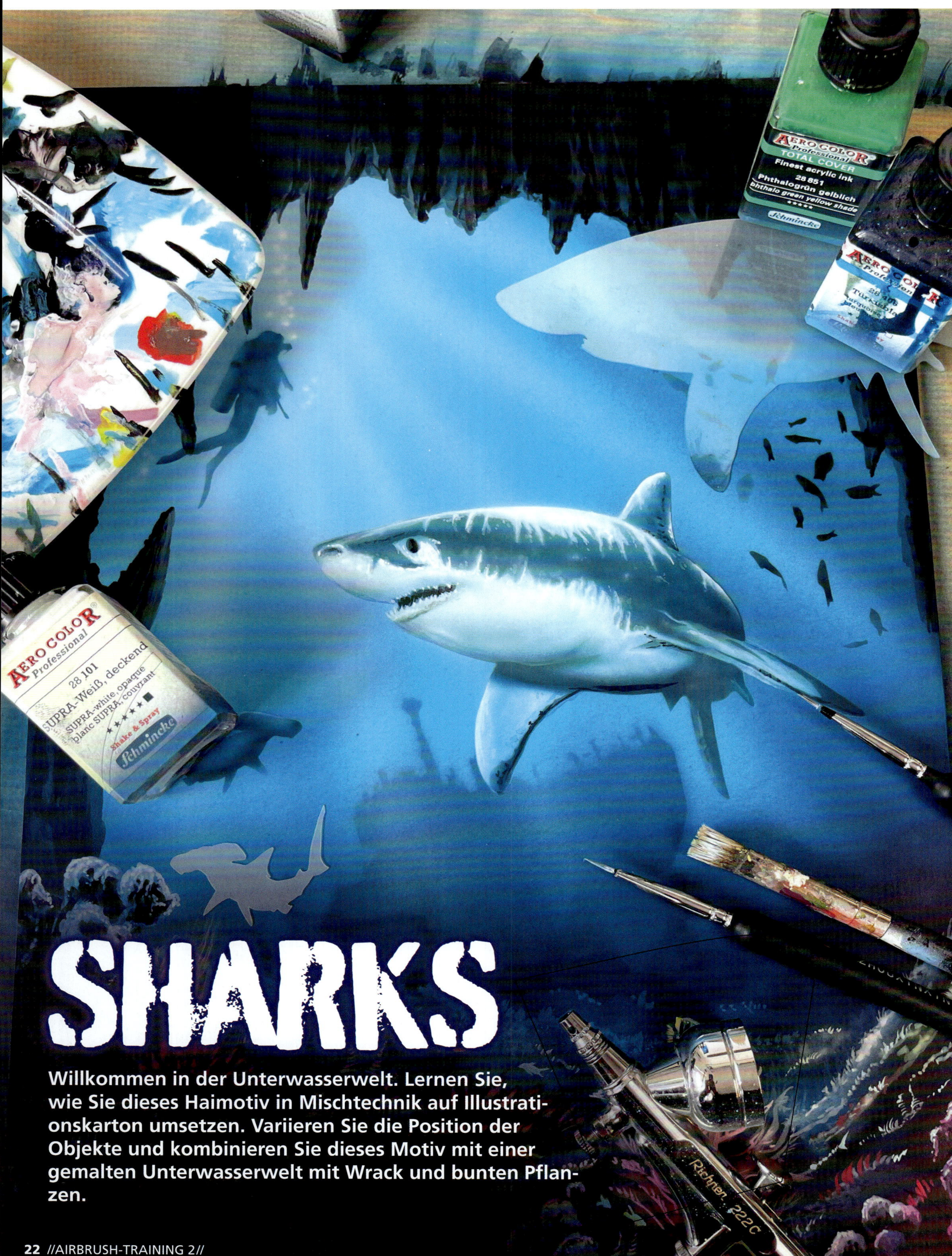

SHARKS

Willkommen in der Unterwasserwelt. Lernen Sie, wie Sie dieses Haimotiv in Mischtechnik auf Illustrationskarton umsetzen. Variieren Sie die Position der Objekte und kombinieren Sie dieses Motiv mit einer gemalten Unterwasserwelt mit Wrack und bunten Pflanzen.

GRUNDAUSSTATTUNG – Sharks

Airbrush: Double Action Airbrush mit 0,2 - 0,35 mm Düse

Farben: Schmicke Aero-Color Professional: Supra Weiß deckend, Türkisblau, Phthalogrün gelblich, Schwarz, Magenta, Zitronengelb

Untergrund: Reflex Art Board

Zubehör: ASBS Sharks Stencil Set oder Vorlagenmotiv aus dem Downloadbereich, Rund- und Flachpinsel in verschiedenen Größen, Papiertücher, Mischpalette

01 Vorlagenmotiv

Nutzen Sie für die Realisierung dieses Motivs das ASBS Sharks Stencil Set (www.newart-shop.de) oder schneiden Sie selbst die Konturen aus dem Vorlagenmotiv aus, das Sie im Download-Bereich zum Buch finden. Möchten Sie andere Hai- und Fischformen oder eine andere Unterwasserlandschaft – kein Problem. In der Entwurfsphase können Sie sich die schönsten Szenarien kreieren und drucken dann anschließend das Vorlagenmotiv aus.

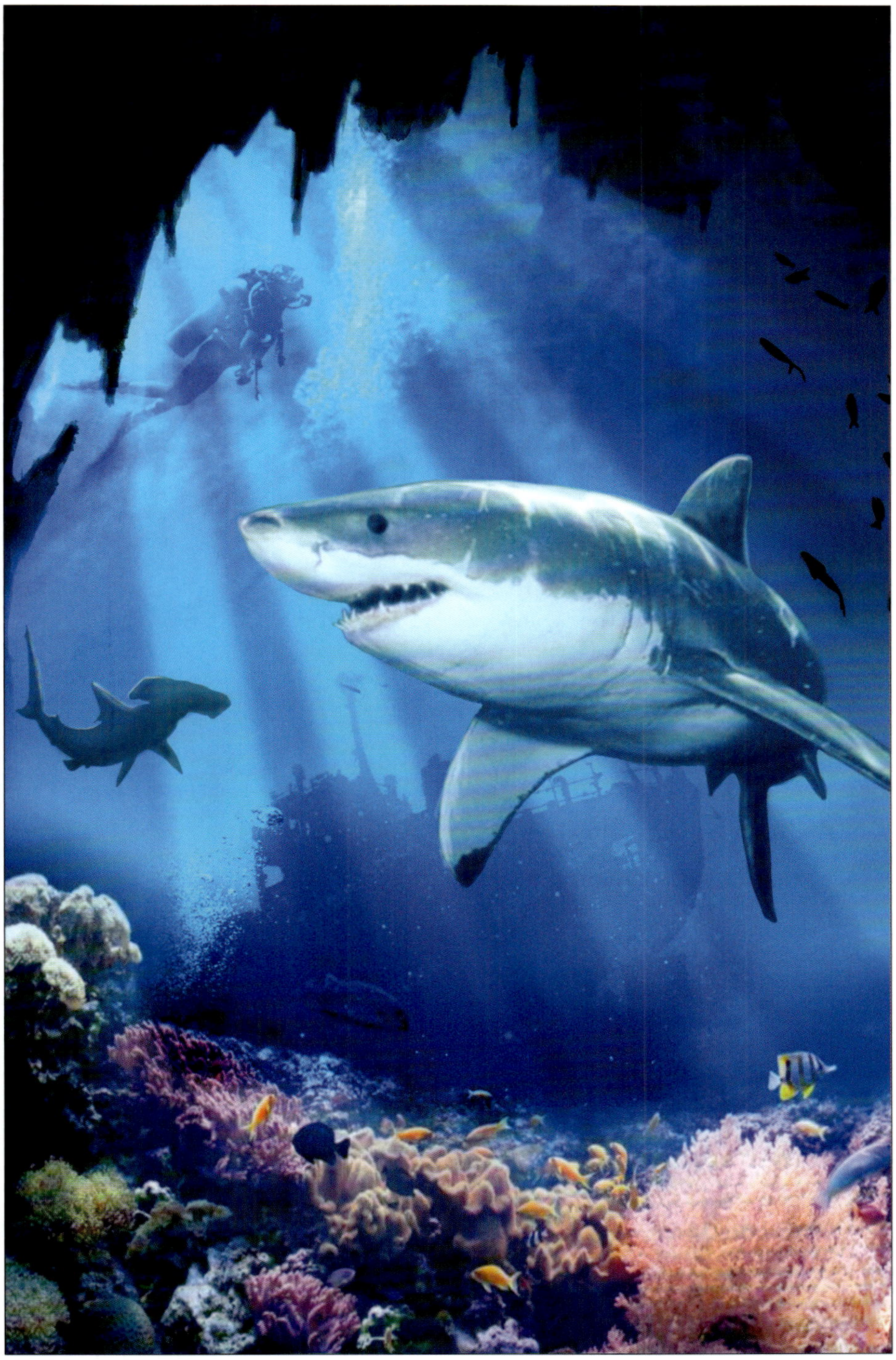

02 Skizze und Farbverlauf

Zeichnen Sie die Kontur der Grotte vorab mit einem Bleistift zur besseren Orientierung auf. Sprühen Sie einen Farbverlauf mit einer Türkisblau- und Weiß-Mischung, von oben hell nach unten etwas dunkler. Tupfen Sie oben rechts und unten bei Bedarf Struktur mit wasserverdünntem Türkisblau und einem zerknüllten Papiertuch auf. Sprühen Sie die Lichtstrahlen von oben links nach unten breiter werdend mit Weiß auf.

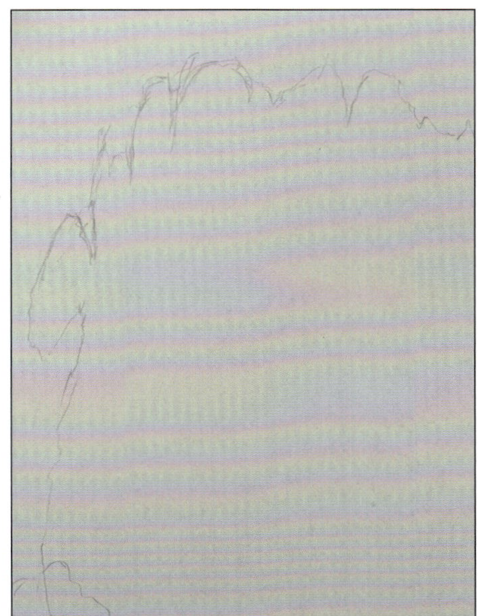

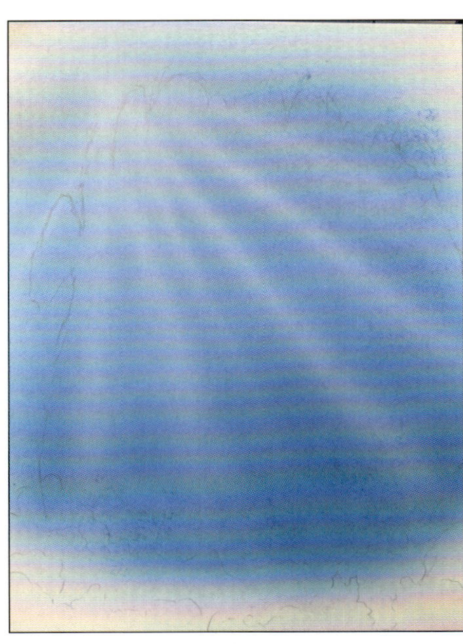

03 Grotte aufmalen

Mischen Sie dann Türkisblau und Schwarz mit etwas Wasser, um die Farbe etwas transparenter einzustellen. Durch die Hinzugabe von Wasser hinterlässt der Pinselauftrag Strukturen. Malen Sie dann die dunkle Grottensilhouette auf. Streichen Sie von oben nach unten die Farbe herunter. Arbeiten Sie in mehreren Schichten. Fügen Sie der Farbe etwas Weiß hinzu, um Lichtkanten an den Felsen zu malen, so dass die einzelnen Felsvorsprünge eine dreidimensionale Optik bekommen. Wiederholen Sie den Vorgang bei Bedarf, damit die Grotte gleichmäßig dunkel wird. Sprühen Sie vorsichtig transparentes Türkisblau über die Felsen, damit diese einen farblichen Unterwasserlook bekommen. Ebenfalls mit der Mischung sprühen Sie zwischen den Strahlen etwas wolkig Farbe auf, um unten und auf der rechten Seite etwas mehr farbliche Tiefe und Struktur zu bekommmen.

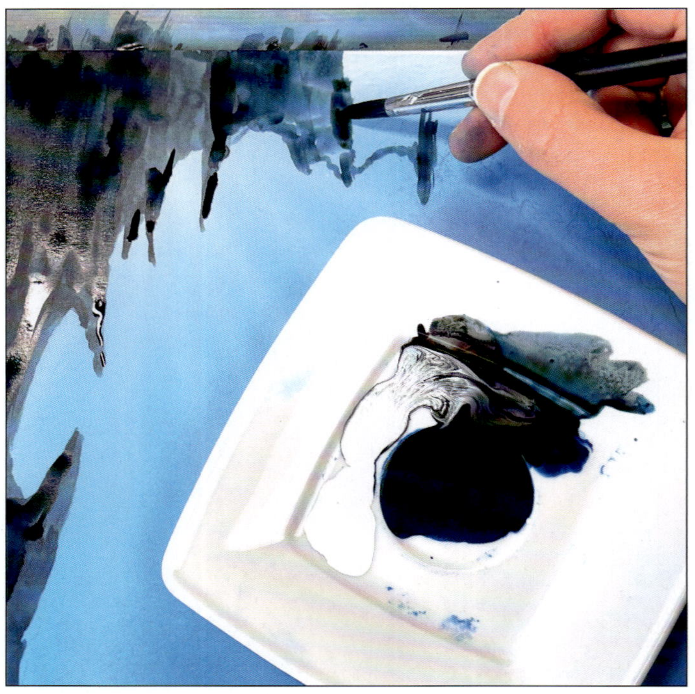

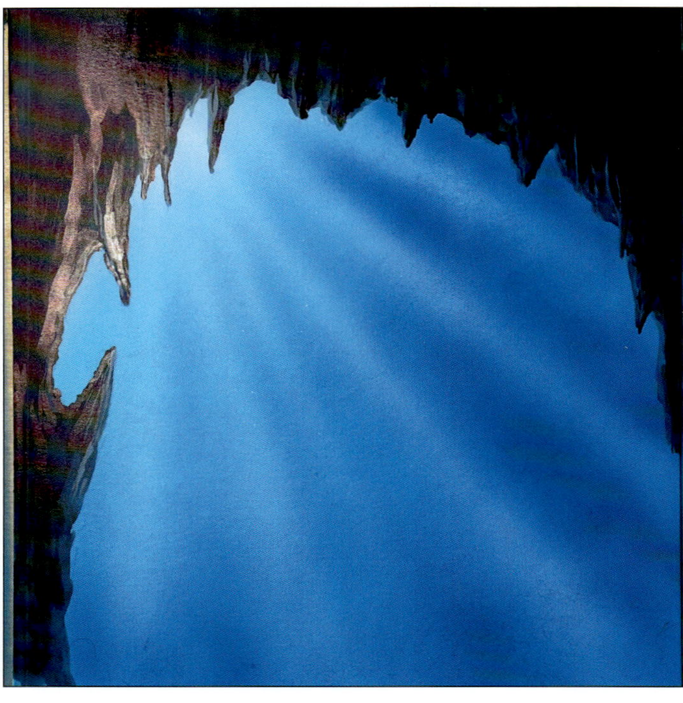

04 Die Hai-Schablone

Legen Sie als Erstes die äußere Hai-Schablone auf und decken Sie alle umliegenden offenen Bereiche mit Papier ab. Fixieren Sie die Schablone mit einem Klebestreifen oder Gewichten. Sprühen Sie mit Weiß die hellen Bereiche des Hais auf. Dabei entstehen kleine Farbverläufe, die dem Hai erstes Volumen geben. Nutzen Sie dabei das Blau des Hintergrunds, um die dunklen Schattierungen angedeutet zu lassen. Wechseln Sie zur inneren Hai-Schablone und sprühen Sie diese mit einer Mischung aus Türkisblau, Pthalogrün gelblich, etwas Weiß und Schwarz aus, so dass die dunkle Zeichnung des Hais, sowie Maul, Auge und Flossen entstehen. Sprühen Sie mit einer dunkleren Mischung ohne Weiß die Schatten im unteren Flossenbereich und an der Kopfkurve noch mal etwas dunkler nach.

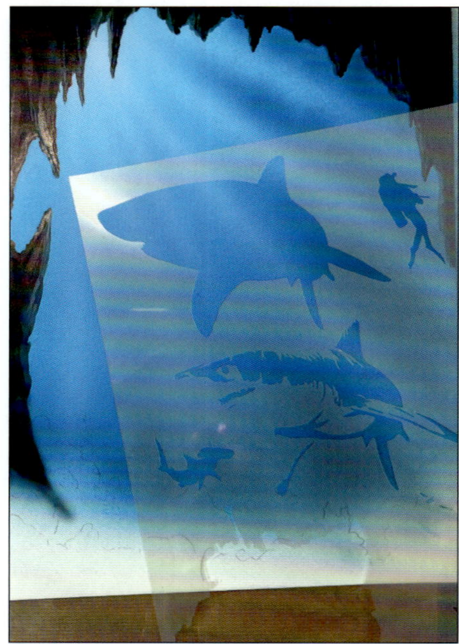

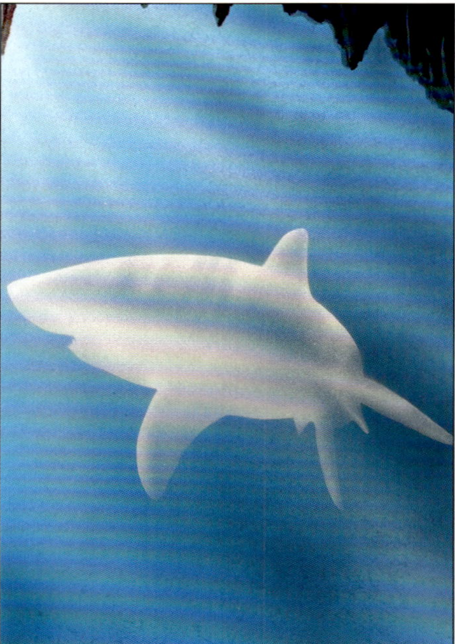

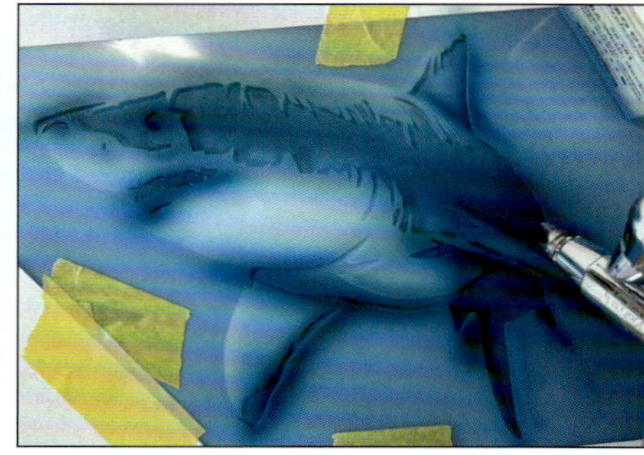

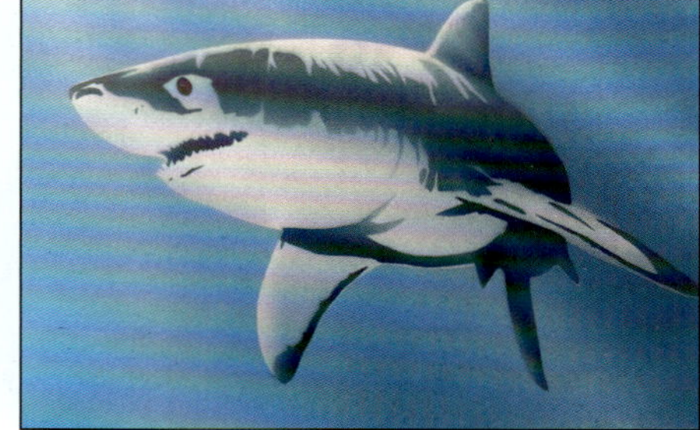

05 Die Hai-Details

Weiter geht's mit der Ausarbeitung des Hais. Nutzen Sie den Pinsel für Details und das Airbrushgerät, um weiche Verläufe aufzutragen und die harten Kanten der Schablone hervorzuheben. Verdünnen Sie das Weiß mit etwas Wasser und malen Sie mit einem feinen Pinsel die Lichtbrechungen auf dem Körper ein. Zusätzliche Strukturen durch Linien und Punkte geben der Oberflächentextur des Hais mehr Details. Auch die Zähne können mit kleinen Pinselstrichen hervorgehoben werden. Legen Sie dann die Hai-Außenschablone nochmal auf, um den Hintergrund zu schützen. Sprühen Sie mit Weiß die gemalten Strukturen nochmal etwas über, damit diese weicher werden. Mit einem transparenten Türkisblau-Schwarz-Gemisch sprühen Sie die Schatten im unteren Bereich des Körpers sowie im Bereich des Mauls, damit der Körper sein Volumen und Form bekommt. Ergänzen Sie mit dem Pinsel weitere Details mit dunklen und hellen Farben und fügen Sie mit der Airbrush ebenfalls weitere Flecken, Schattierungen und Lichter ein. Vergleichen Sie Ihr Bild mit dem Vorlagenmotiv. Überprüfen Sie zum Schluss, ob sich der Hai ausreichend vom Hintergrund abhebt.

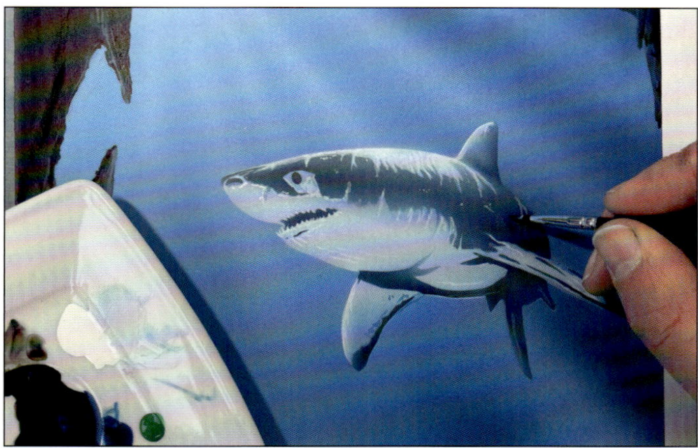

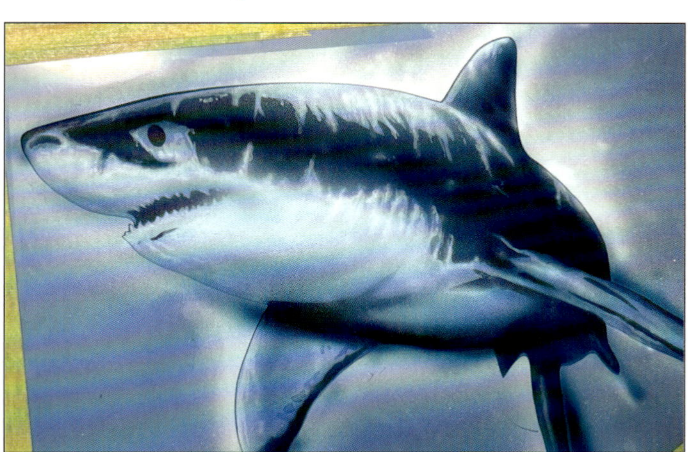

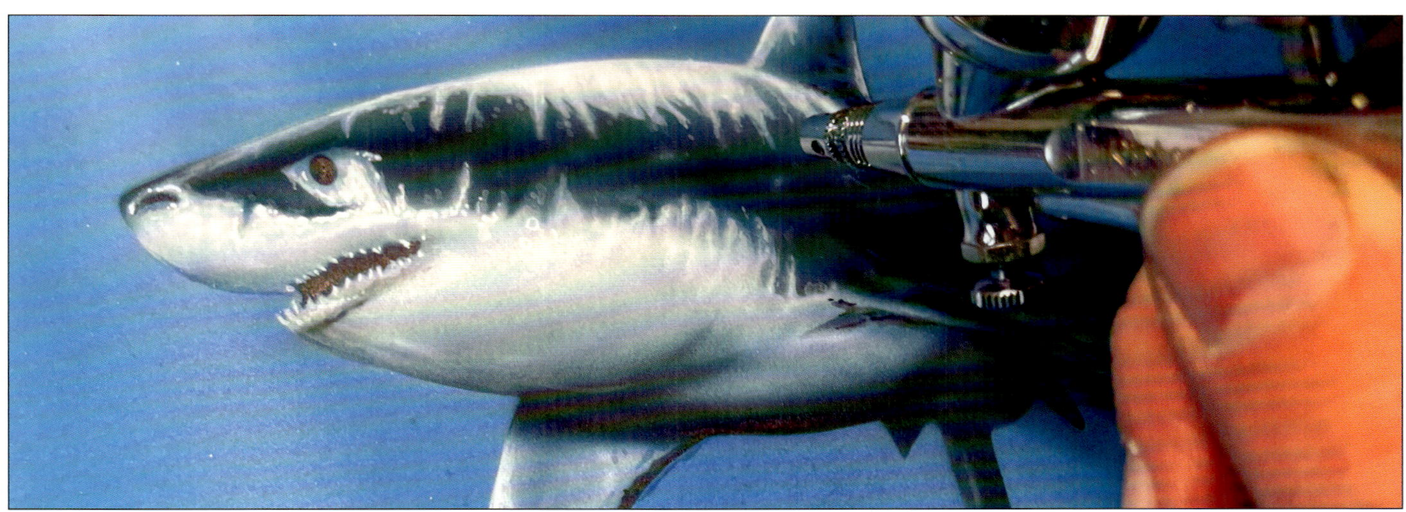

06 Das Wrack

Jetzt geht es weiter mit dem Wrack. Positionieren Sie die offene Wrack-Schablone unterhalb des Hais, so dass ein Teil der Flosse noch etwas vom Wrack überdeckt. Decken Sie den Hai bei diesem Schritt mit der ebenfalls beiliegenden Innenschablone der Haikontur ab. Schützen Sie auch die Motivumgebung, damit kein Overspray an ungewünschte Bereiche kommt. Sprühen Sie dann mit einer Mischung aus Türkisblau, einem Tropfen Schwarz und etwas Wasser die Wrackschablone aus, nach unten hin gerne etwas dunkler. Bedenken Sie bei der Positionierung auch, dass das Wrack später auf dem Seeboden aufliegt und danach die Ebenen der Unterwasserwelt folgen.

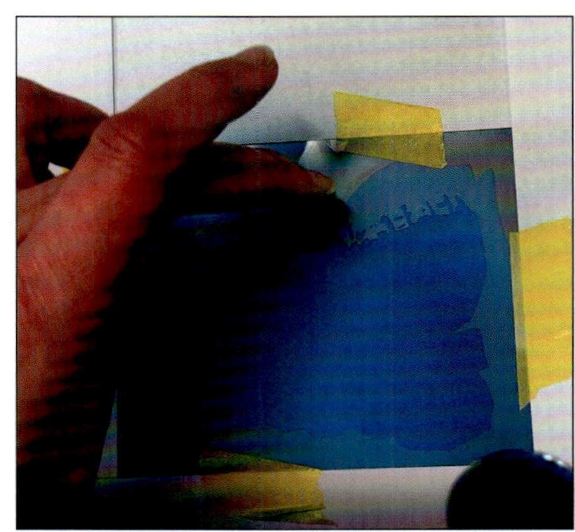

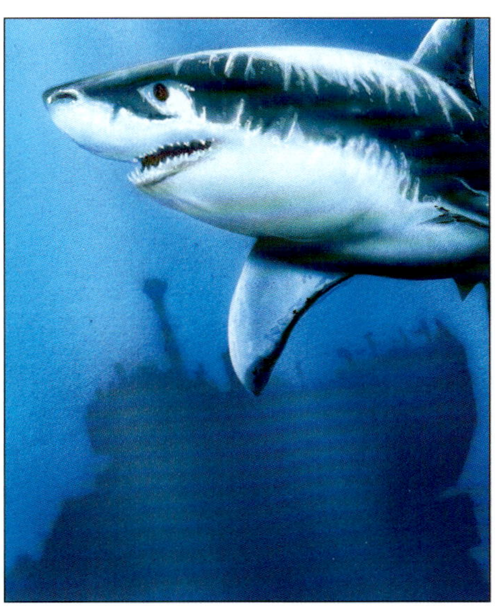

07 Weitere Silhouetten

Neben dem Wrack sind noch weitere Objekte in der Unterwasserwelt. Mit den weiteren Teilen der Unterwasserschablone sprühen Sie den Hammerhai und den Taucher auf. Legen Sie erst mit einem Türkisblau-Wasser-Gemisch vor und sprühen Sie anschließend Details und Schattierungen mit einer mit Schwarz abgedunkelten Türkisblau-Wassermischung. Die Lichtkanten am Hammerhai können Sie mit einem transparenten Weiß und einem feinen Pinsel aufmalen. Die Fischschwarmschablone kann mehrfach genutzt werden und mit unterschiedlichen Farbabstufungen ausgesprüht werden.

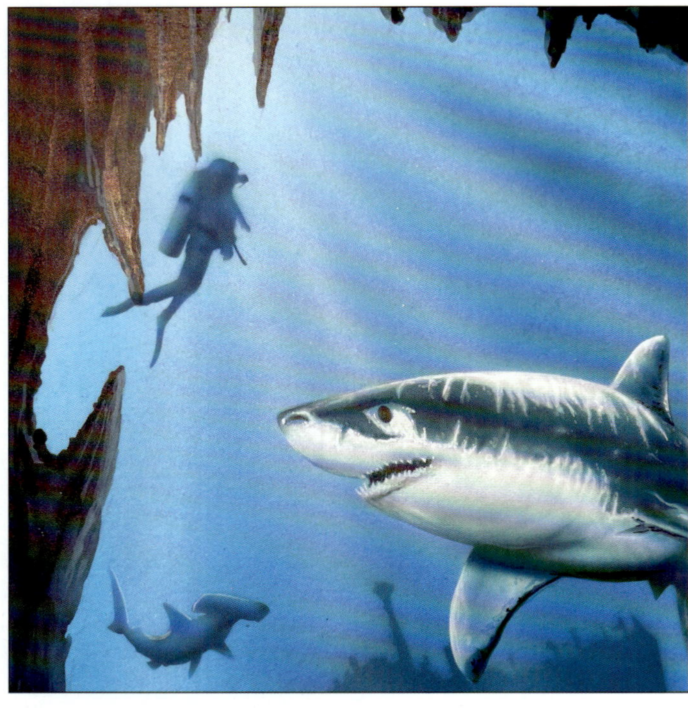

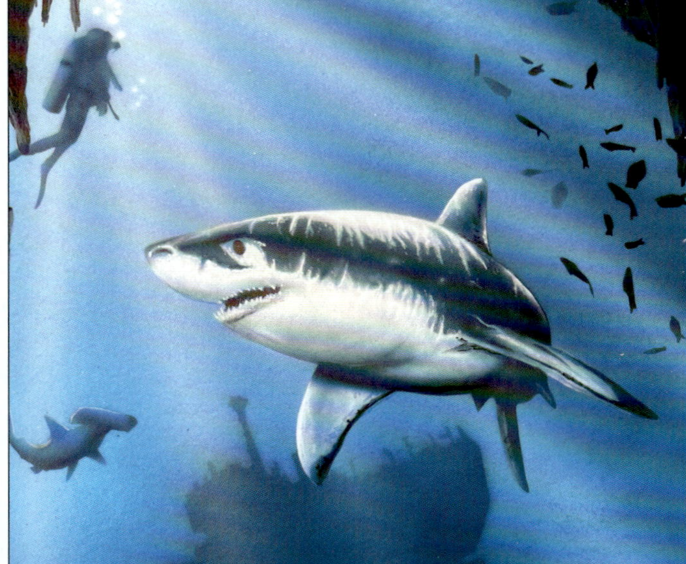

08 Meeresboden vorbereiten

Mit einer Mischung aus Türkisblau und Schwarz mit etwas Wasser sprühen Sie mit gezittert wolkigen Formen etwas unscharfe Atmosphäre am Meeresboden auf. Somit kann man das Wrack mit dem Meeresboden farblich verbinden.

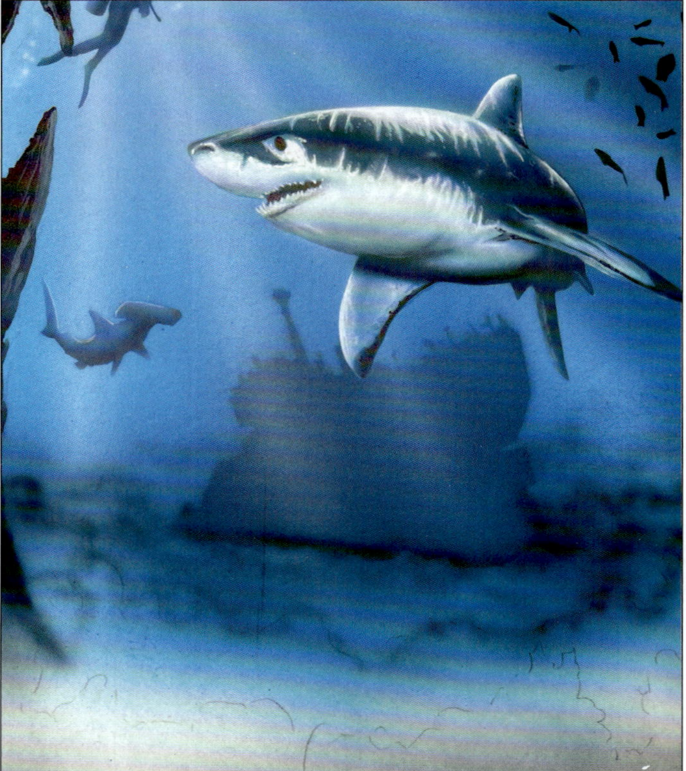

09 Pflanzenwelt

Der Meeresboden ist sehr vielseitig und kann hier mit den unterschiedlichsten Techniken gestaltet werden. Mit gerissenen Papierkanten als Schablone können hügelige Landschaften getupft und angesprüht werden. Nutzen Sie einen flachen Pinsel und ziehen Sie weiße Farbe von unten nach oben weg, um Unterwassergräser anzudeuten. Mit kleinen Pinselspitzen malen Sie weitere Pflanzen und Korallen in unterschiedlichen Farben auf. Kombinieren Sie mit dem Pinsel aufgetragene Strukturen mit Farbnebel, um alles einzubetten und zu kolorieren.

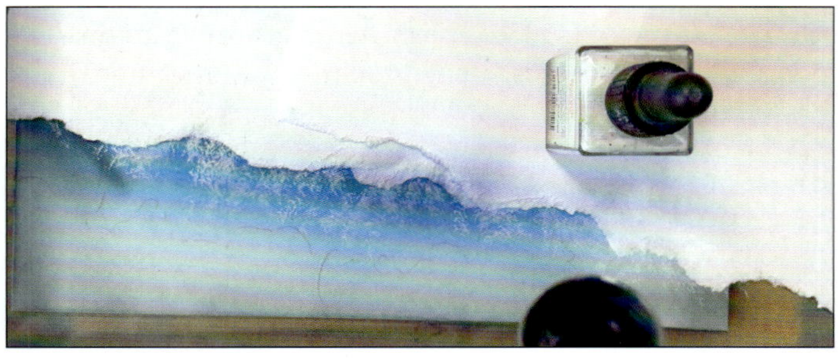

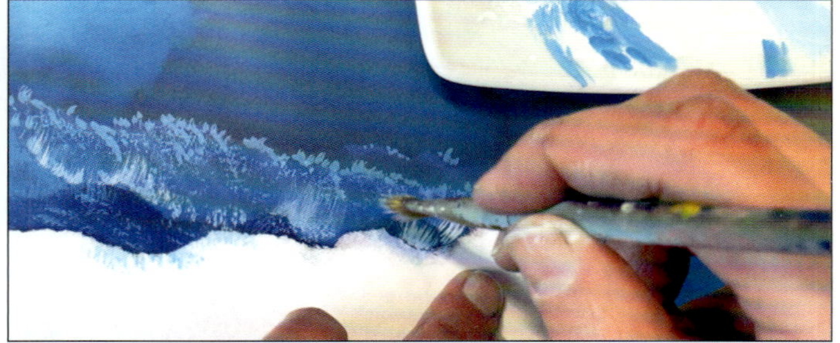

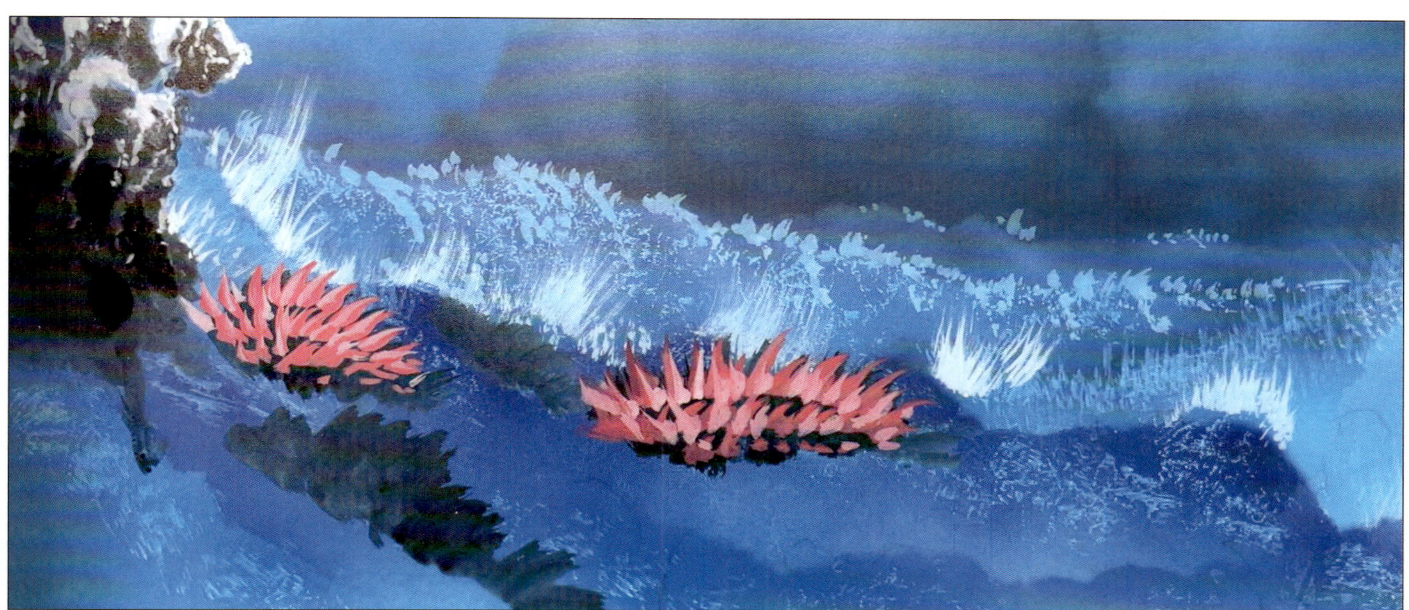

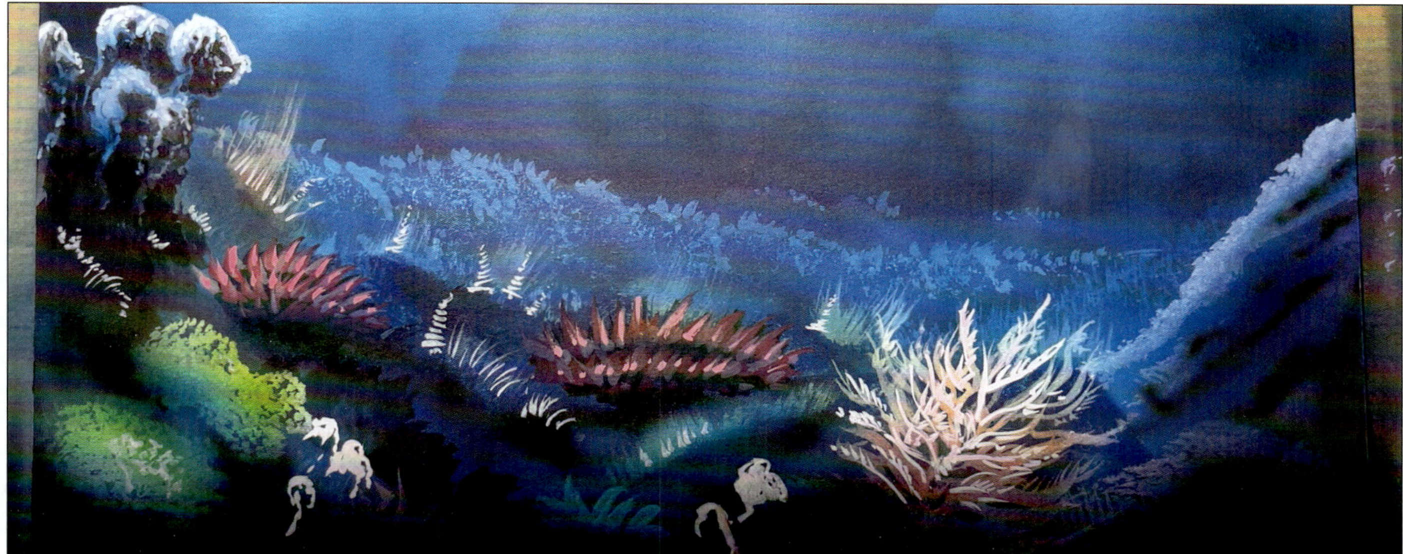

10 Fische

Für die Fische lassen Sie sich gerne von weiteren Fotomotiven inspirieren. Legen Sie zunächst eine Grundierung in Form des Fisches an und malen Sie dann die Details der Flossen und Textur ebenfalls mit einen kleinen Pinsel ein. Variieren Sie die Form für eine bunte Unterwasserwelt.

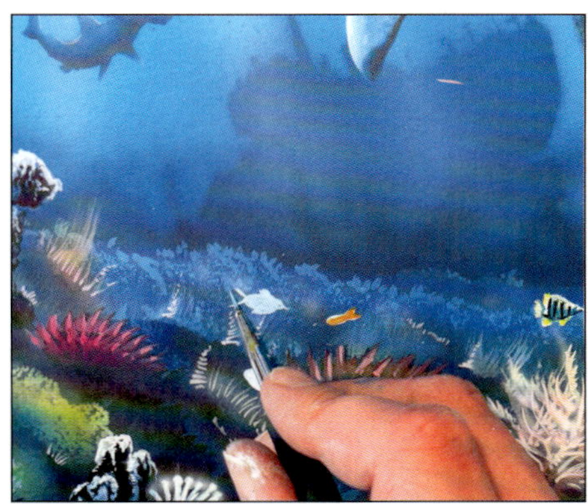

11 Letzte Details

Sprühen Sie beim Taucher noch kleine Lichtpunkte für die Luftblasen auf. Prüfen Sie den Gesamteindruck des Motivs und übernebeln Sie bei Bedarf mit transparenten Blautönen den einen oder anderen Bereich, um Übergänge zu optimieren oder das Motiv noch weiter in den Fokus zu rücken. Bunte Farbtöne wie Magenta oder Gelb können ebenfalls zum Einfärben von Pflanzen genutzt werden und machen die Unterwasserwelt noch farbiger.

Viel Spaß beim Ausprobieren und Malen eigener Unterwasserlandschaften!

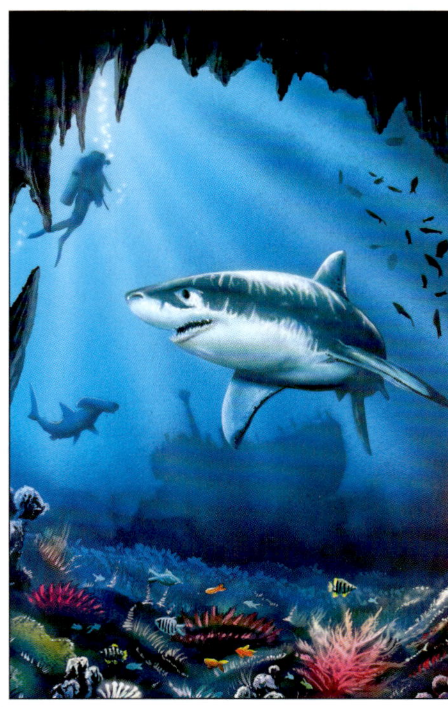

DER WÜSTENPLANET

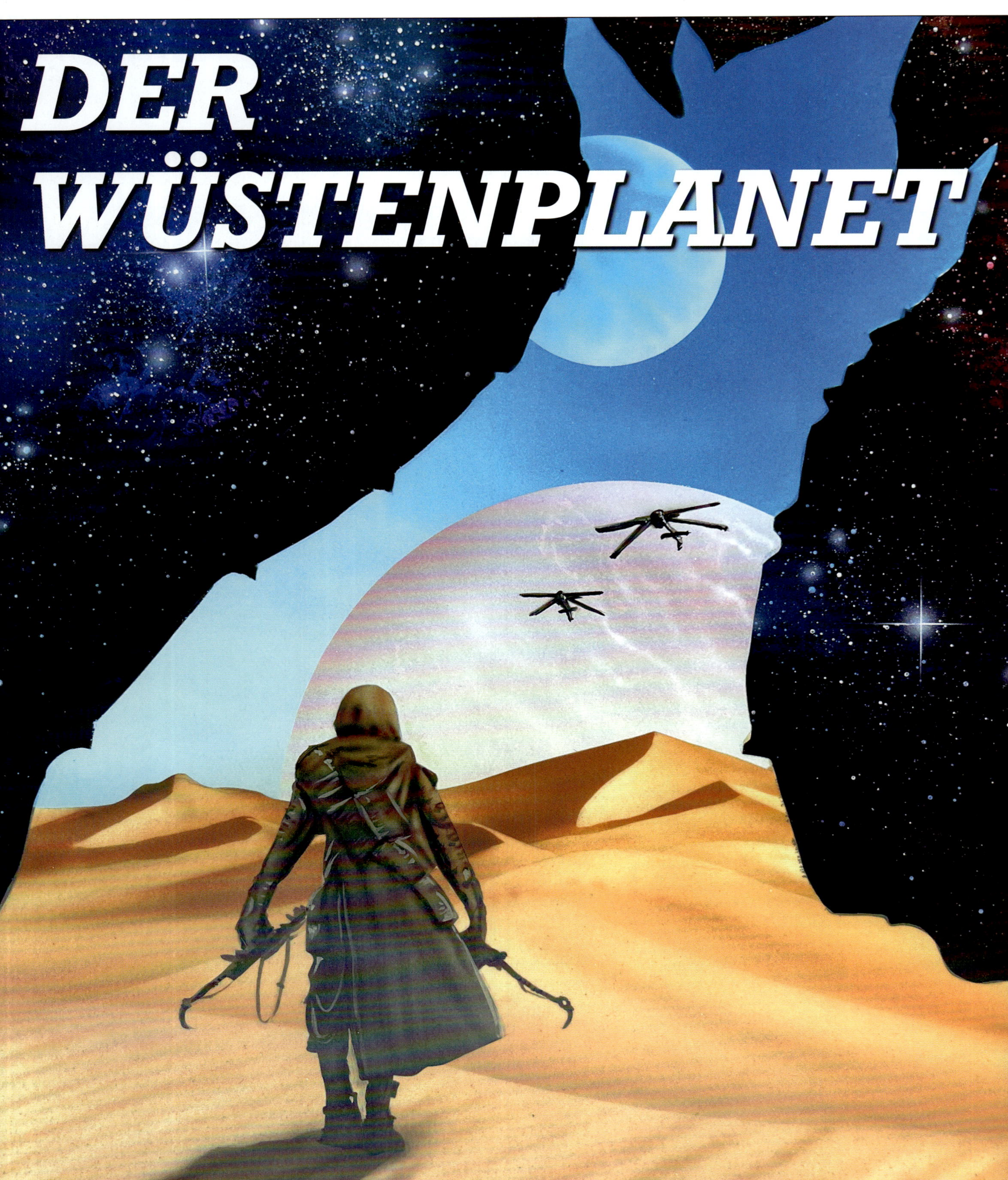

Ich habe nun mal einen Faible für Science-Fiction-Motive und ich hoffe, Sie teilen diese Leidenschaft ein wenig. Inspiriert vom Kinofilm „Dune“ entstand dieses Fan Art Werk in Kombination von Maskierfilm und losen Schablonen. Die Figur entsteht mit Airbrush und Pinseltechnik – eine gute Übung für Einsteiger, sich auch freihand an Personendarstellungen zu wagen.

GRUNDAUSSTATTUNG – Der Wüstenplanet

Airbrush: Double Action 0,2 mm, Double Action 0,18 mm

Farben: Weiß, Schwarz, Gelb, Rot, Blau, Umbra, Magenta

Material: Kreisschneider, Skalpell, Maskierfilm, Bleistift, Wasserflasche, Teller, feiner Pinsel, Lineal, Kurvenschablonen

Untergrund: Art Board von Reflex

01 Der Entwurf

Als Erstes habe ich verschiedene Bildideen recherchiert. Im Fokus steht die Silhouette des Raketenwurms, die schon vom ersten Kinofilm und Buchtiteln bekannt ist. Mit Hilfe von Photoshop und einigen Fotos von Bildagenturen entstand durch Bildbearbeitung und gemalten Elementen das Vorlagenmotiv. Es gibt zwei Landschaftselemente, einmal den dunklen Sternenhimmel, der die Wüstenlandschaft einrahmt, und die futuristische Dünenlandschaft.

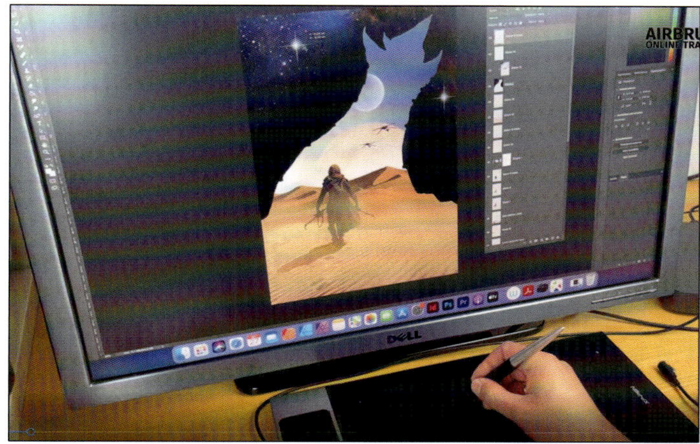

02 Skizze übertragen

Das Motiv entsteht auf dem Art Board von Reflex. Zur Verwendung kommen nur die Grundfarben, etwas Wasser und natürlich brauche ich auch das eine oder andere Tool. Vom Vorlagenentwurf habe ich zwei Ausdrucke gemacht. Auf dem einen Ausdruck schraffiere ich auf der Rückseite alles mit einem Graphitstift. Dann positioniere ich die Vorlage mit der Graphitseite nach unten auf meinem Malgrund und drücke die mir wichtigen Konturen mit einem Kugelschreiber durch. Die so entstandene Skizze wird dann bei Bedarf nochmal mit einem Bleistift überarbeitet.

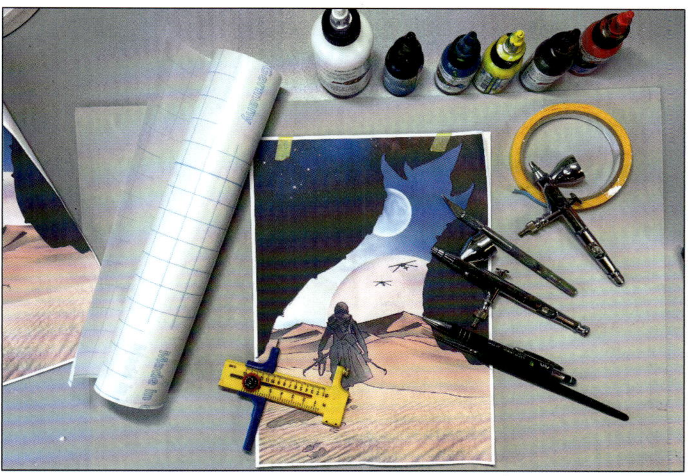

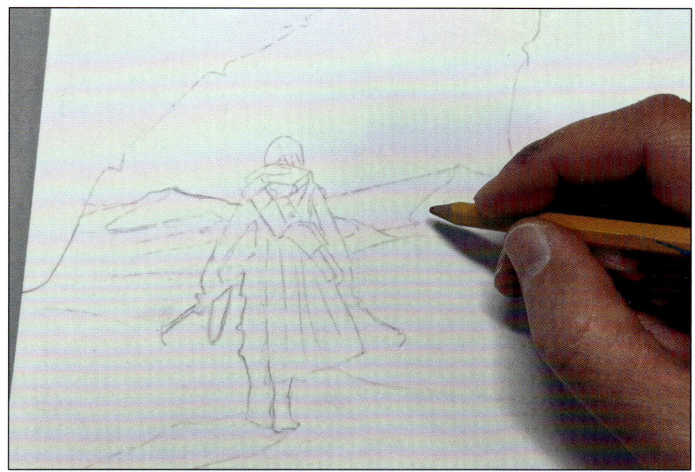

03 Maskierfilm

Dann wird Maskierfilm über die ganze Fläche aufgezogen. Ich öffne den Bereich der Spacelandschaft, so dass die Silhouette des Raketenwurms und der Dünenlandschaft samt Fantasy-Figur bedeckt bleibt. Die Kanten der Folie drücke ich mit den Fingern gut an, damit später keine Farbe darunter läuft.

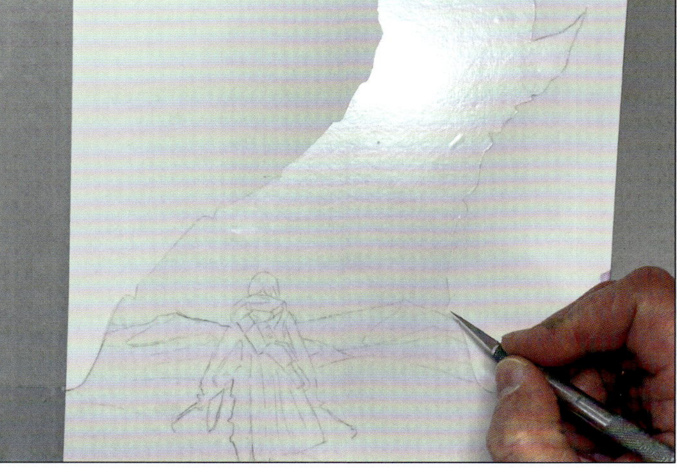

04 Erste Farbschicht

Es geht los mit den ersten Farben. Ich sprühe bunte Flecken auf – das sind die Grundlagen für die farbigen Galaxien im Hintergrund. Ich verwende Blau, Rot und Magenta. Die Farben dürfen sich dabei auch überlappen. Danach sprühe ich mit einem Gemisch aus Schwarz und etwas Wasser die Zwischenbereiche wolkig aus und lasse die bunten Bereiche etwas durchschimmern.

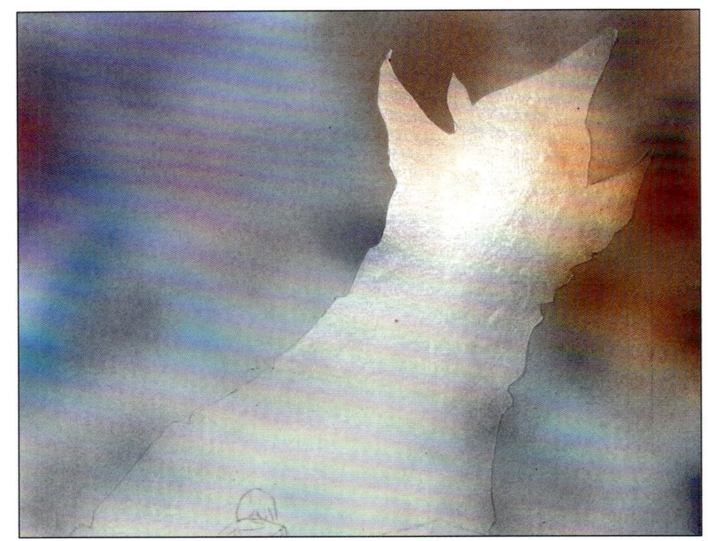

05 Tupfen und Sprenkeln

Jetzt werden die Galaxien visualisiert. Mit einem zerknüllten Papiertuch und aufgesaugtem deckenden Weiß tupfe ich an einigen Stellen weiße Flecken auf. Dabei achte ich darauf, dass es nicht wie mit einem Stempel aussieht, sondern die Struktur unregelmäßig wird. Darüber sprühe ich dann wieder mit den Farben Blau, Magenta und Rot. Etwas Wasser habe ich hinzugemischt, damit diese etwas transparenter werden. Damit werden die zuvor aufgetupften Flecken eingefärbt. Dann geht's weiter mit der Schlauchabknickmethode, mit der ich mit deckendem Weiß kleine Punkte aufsprenkle.

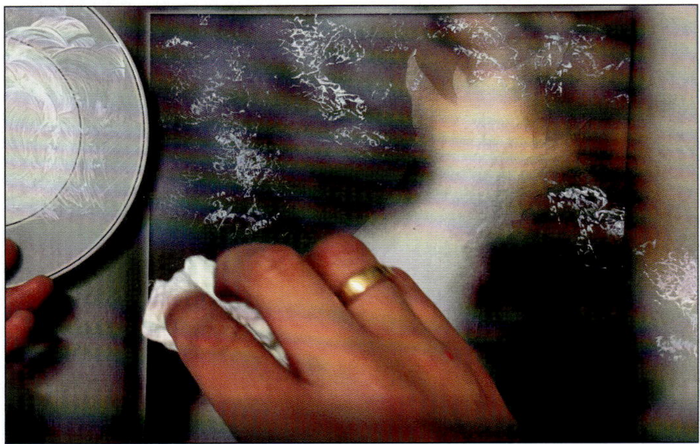

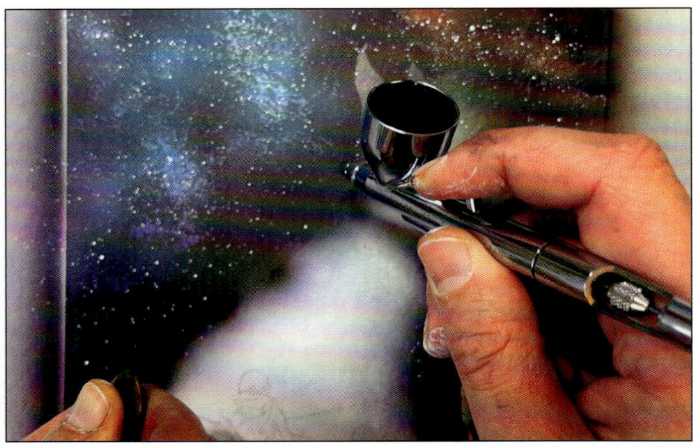

06 Sterne

Nach dem Sprenkeln werden die Sterne nochmal mit Farben wie Blau oder Magenta übernebelt, damit diese weiter in den Hintergrund gelegt werden und den Galaxien somit mehr Tiefe vermitteln. Danach folgt eine weitere Runde mit gesprenkelten Sternen, diesmal bleibt diese Schicht in Weiß. Der ein oder andere Stern wird mit einem Sprühstern versehen. Ein paar funkelnde Sterne, die mit einem dünn ausgeschnittenen Maskierfilmkreuz realisiert werden, dürfen natürlich nicht fehlen. Nach dem Aufkleben der Maskierung sprühe ich vorsichtig etwas Weiß in die Mitte des Kreuzes, so dass sich die Farbe darin gleichmäßig verteilt. Nach dem Abziehen der Schablone sprühe ich nochmal einen Sprühpunkt in die Mitte des Sterns, um ihn zum Leuchten zu bringen.

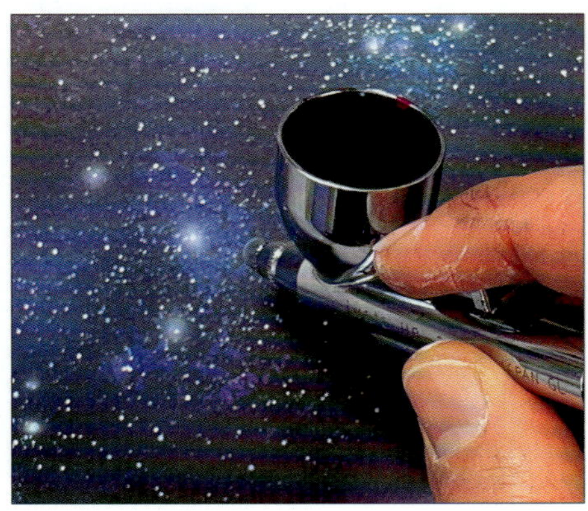

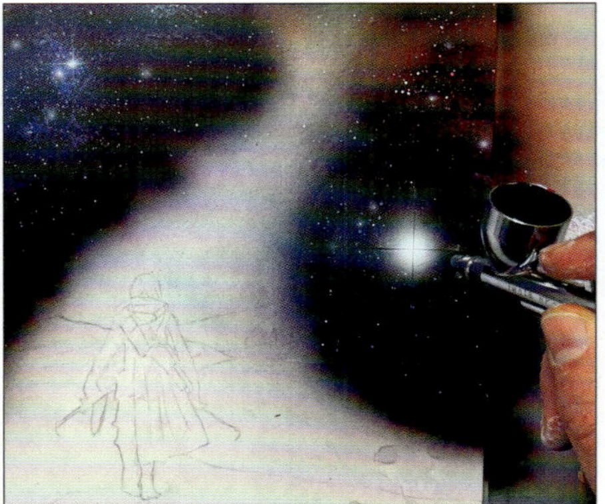

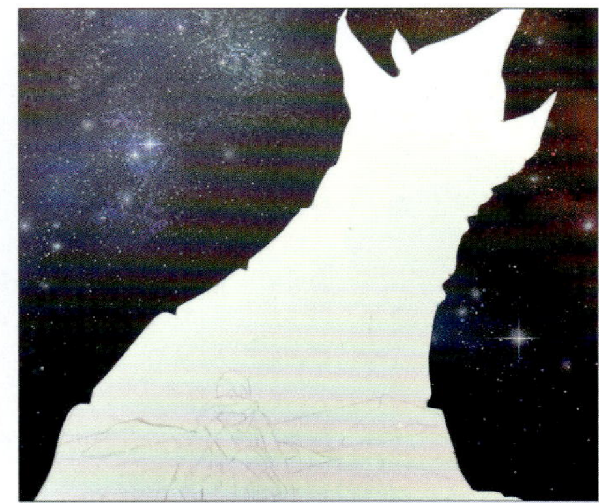

07 Maskenwechsel

Wenn alles getrocknet ist, wird der Hintergrund wieder maskiert und die Silhouette des Raketenwurms im oberen Bereich freigelegt. Im nächsten Schritt sprühe ich einen Farbverlauf von Dunkelblau nach Hellblau. Dafür nutze ich zunächst eine Mischung aus Blau, etwas Weiß, einem kleinen Tropfen Schwarz und etwas Wasser. Nach unten hin sprühe ich mit einem Blau-Weiß-Gemisch, damit es einen schönen weichen Verlauf gibt. Mit deckendem Weiß kommen im unteren Bereich noch Wolken hinzu, die dem Ganzen etwas Atmosphäre geben. Dabei zittere ich etwas mit dem Airbrush-Gerät. Die Wolken brauchen nicht sehr konkret auszusehen, sondern dürfen etwas grober sein.

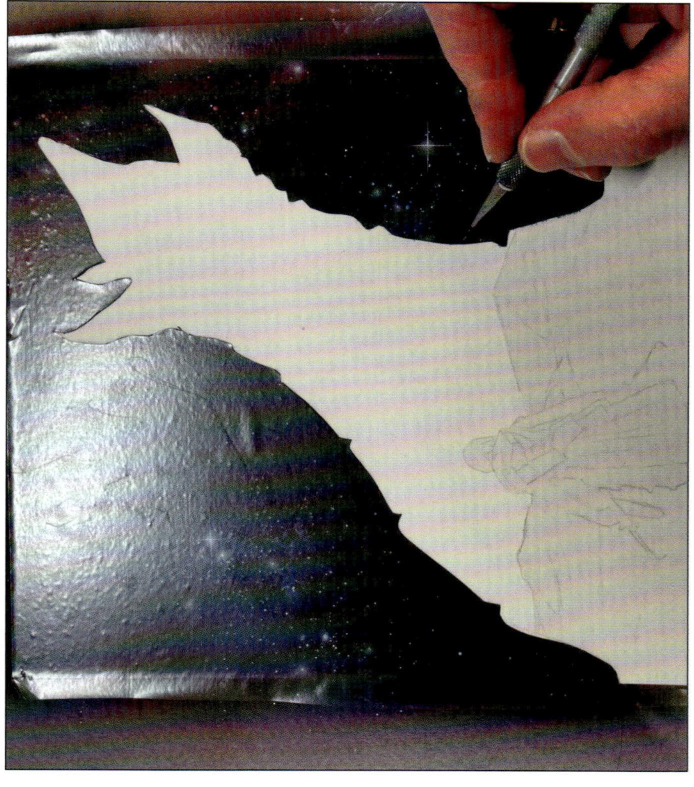

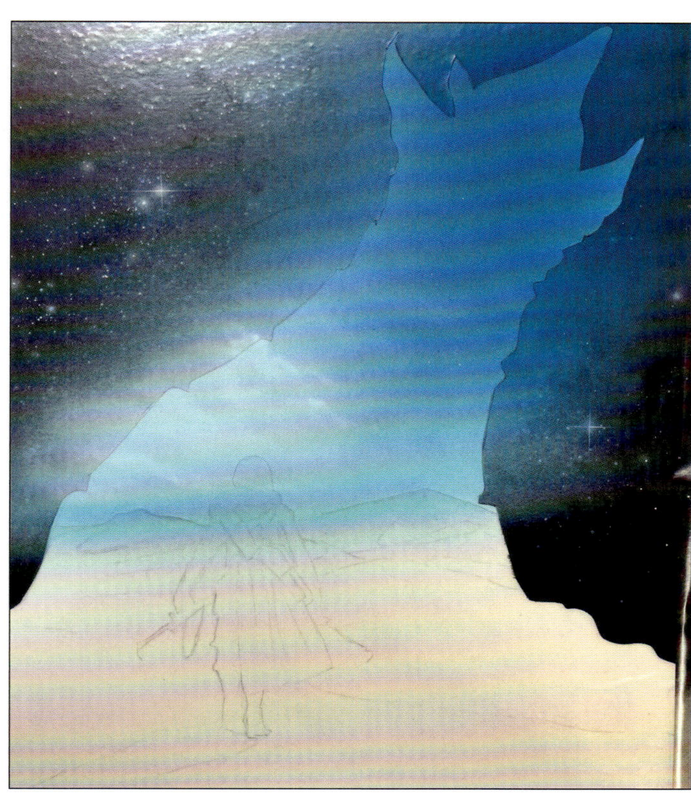

08 Kleiner Planet

Mit einem Kreisschneider schneide ich in der Größe meiner Vorlage zwei Planetenschablonen aus. Den Kleinen klebe ich als Erstes im oberen Bereich auf. Ich sprühe rechts eine Lichtkante mit deckendem Weiß, und mit gezitterten Linien bekommt er etwas dynamische Struktur.

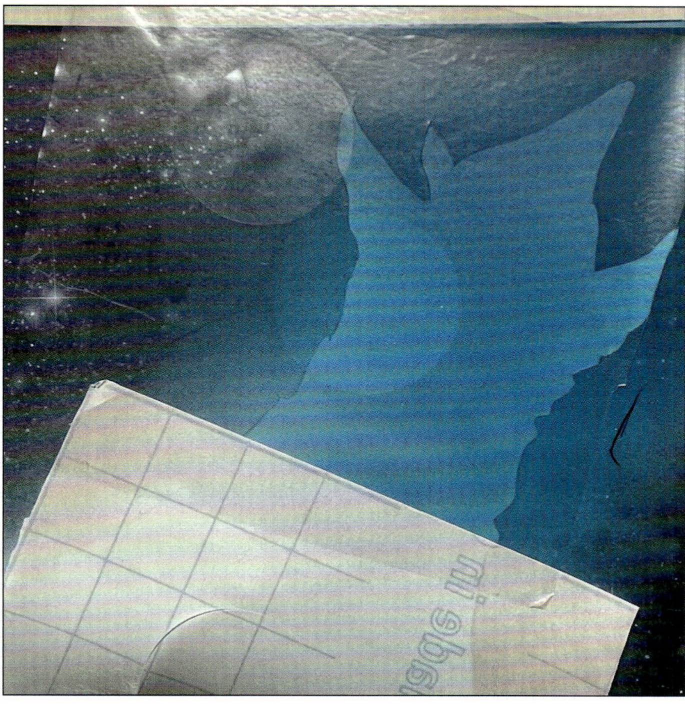

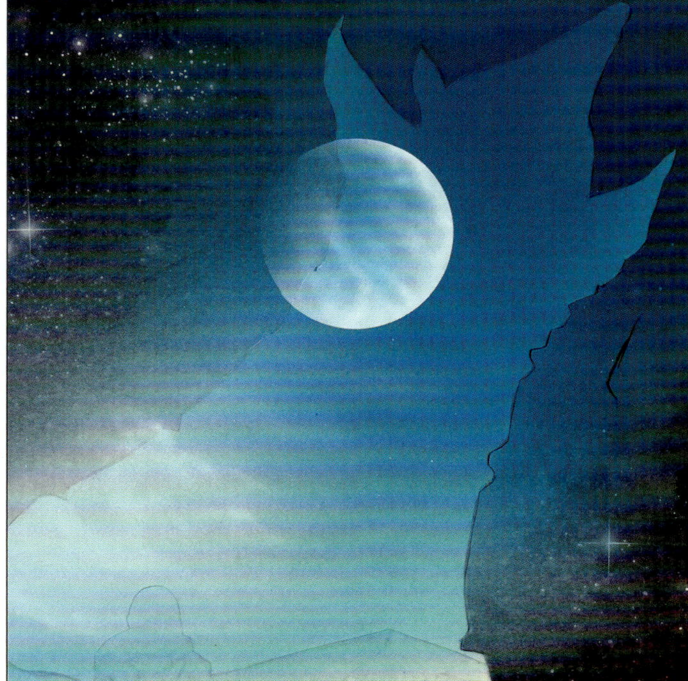

09 Großer Planet

Der große Planet geht größtenteils in den Hintergrund der Dünenlandschaft über. Auch hier starte ich mit Weiß, um den Planenten etwas zu grundieren – gefolgt von einem Rot-Braun-Gemisch, das ich auf der linken Seite des Planeten sprühe. Mit getupften Strukturen, die ich erstmal mit Weiß vorlege und später mit etwas transparentem Rot-Braun überneble, geht's weiter. Mit gezitterten Linien und deckendem Weiß sprühe ich atmosphärische Wolken auf, die sich um den Planeten winden. Zum Schluss sprühe ich an der Kante zu den Dünen noch etwa Beige (Mischung aus Weiß, Gelb und Umbra) auf, damit es später insgesamt noch besser farblich zum Vordergrund passt und das Ganze mehr nach Sandsturm aussieht.

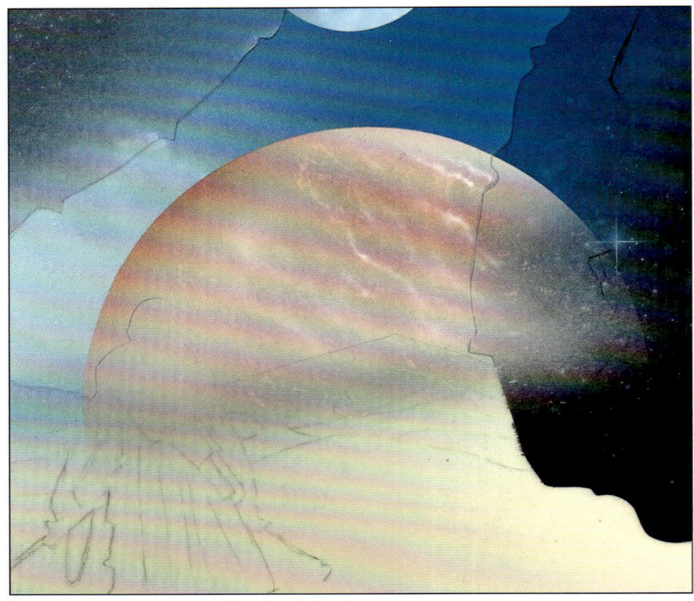

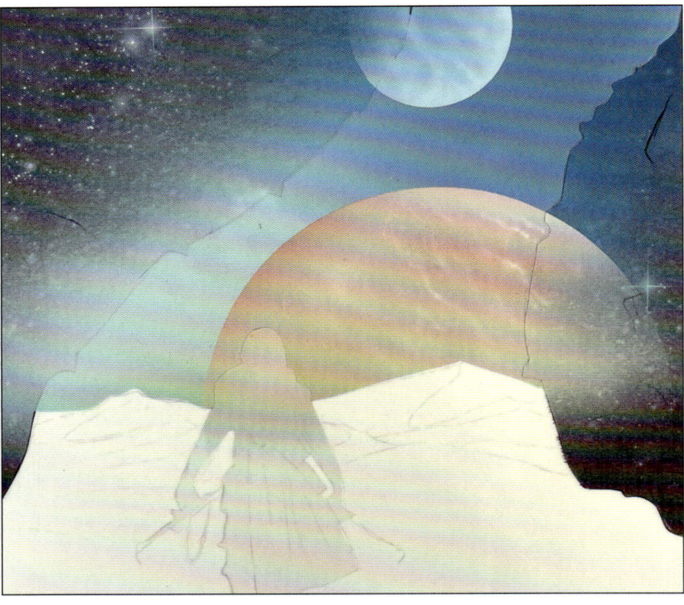

10 Sand

Der Hintergrund wird wieder maskiert und nur der Bereich der Dünen ist jetzt offen. Mit einer Mischung aus Weiß, Gelb, Rot und Braun erstelle ich einen hellen Sandton. Damit sprühe ich alle hellen Bereich der Dünen grob freihand vor. Das sind kleine Farbverläufe und Farbübergänge. Ich orientiere mich dabei an der Bleistiftskizze und meiner Vorlage. Des Weiteren kommen Sandwellen im Vordergrund dazu. Diese verlaufen diagonal. Im vorderen Bereich sind diese etwas dicker und gezittert aufgetragen, nach hinten hin werden sie etwas gerader und feiner, so dass dadurch das Ganze etwas perspektivisch aussieht.

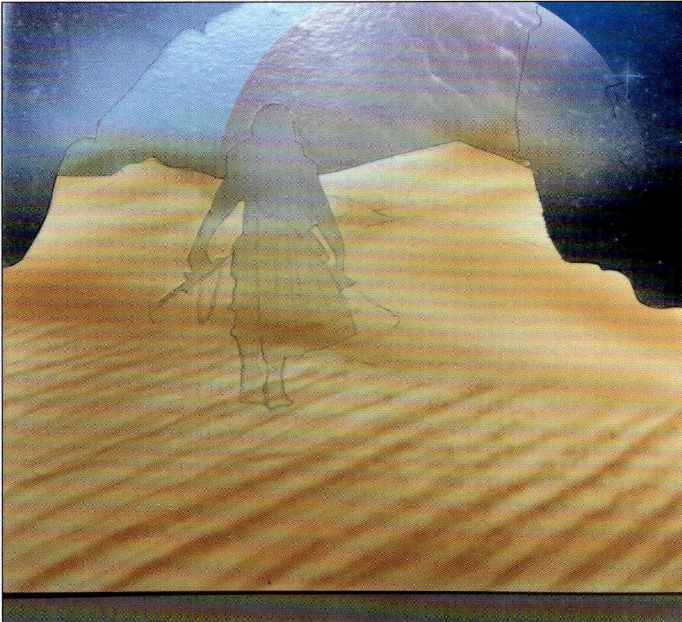

11 Dünen

Aus meinem zweiten Ausdruck schneide ich den dunklen Bereich der Dünen aus und nutze diesen als lose Schablone. Meinen Sandton dunkle ich mit Umbra nochmal deutlich ab und sprühe Verläufe von rechts nach links in die Formen rein.

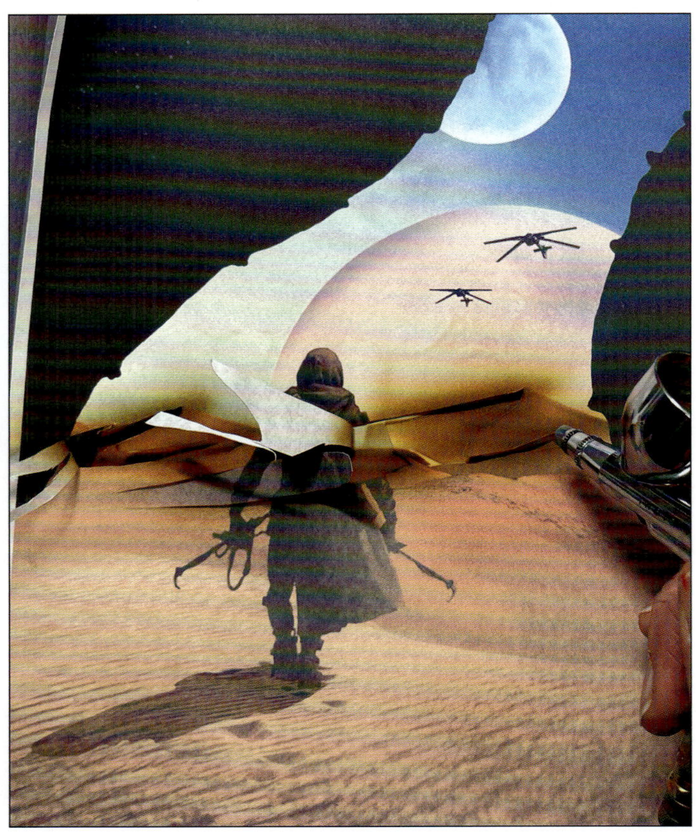

12 Kuhlen, Wellen und Spuren

Die Dünen bekommen mit dem dunklen Farbton an einigen Stellen noch weiche Verläufe, damit es fließende Übergänge gibt. Mit Hilfe von losen Kurvenschablonen in Groß und Klein formuliere ich die eine oder andere Sandkuhle nochmal aus. Im unteren Bereich des Motivs sprenkle ich dunkle Spritzer für einen sandigen Look. Die Fußspuren werden freihand aufgesprüht und optisch mit den Sandwellen verbunden.

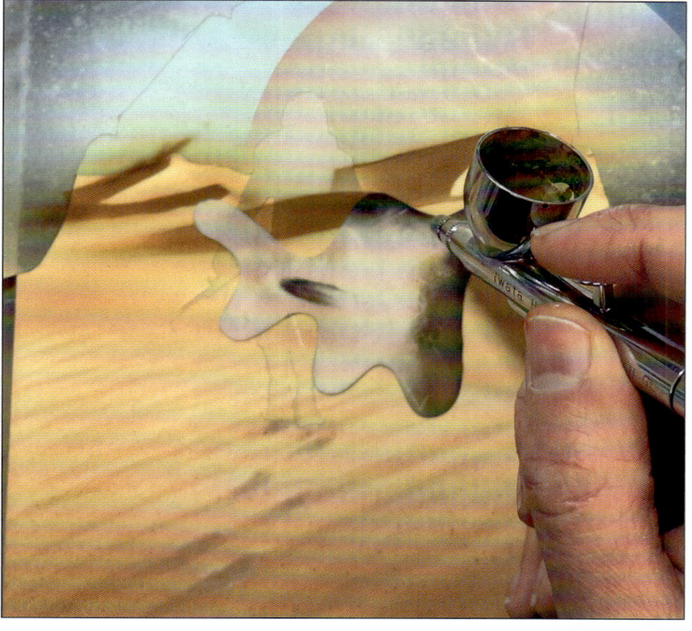

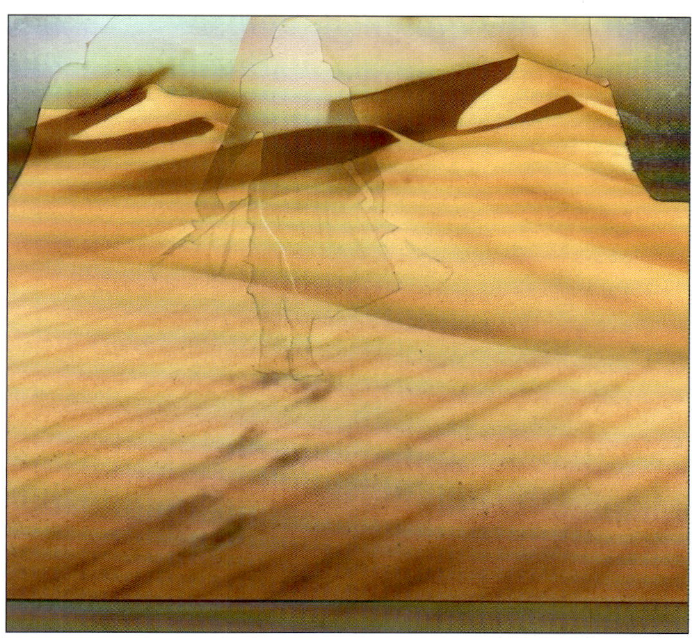

13 Figur

Alle Schablonen werden abgezogen und alles nochmal komplett neu maskiert. Nur die Figur wird freigelegt, so dass alles andere geschützt ist. Ich wechsele das Airbrush-Gerät, nun zu einem mit einer sehr feinen Düsengröße. Ich mische einen hellen Braunton und starte mit der Ausgestaltung der Figur. Dabei helfen mir die Konturen und das Vorlagenmotiv. Ich formuliere erste Schattierungen und Details, damit die Kutte, Köcher, Arme, Beine und Schuhe etwas Volumen bekommen. Für die scharfen Kanten nehme ich eine kleine lose Kurvenschablone. Das Ganze dauert einen Moment, obwohl noch nicht so viele Details enthalten sind.

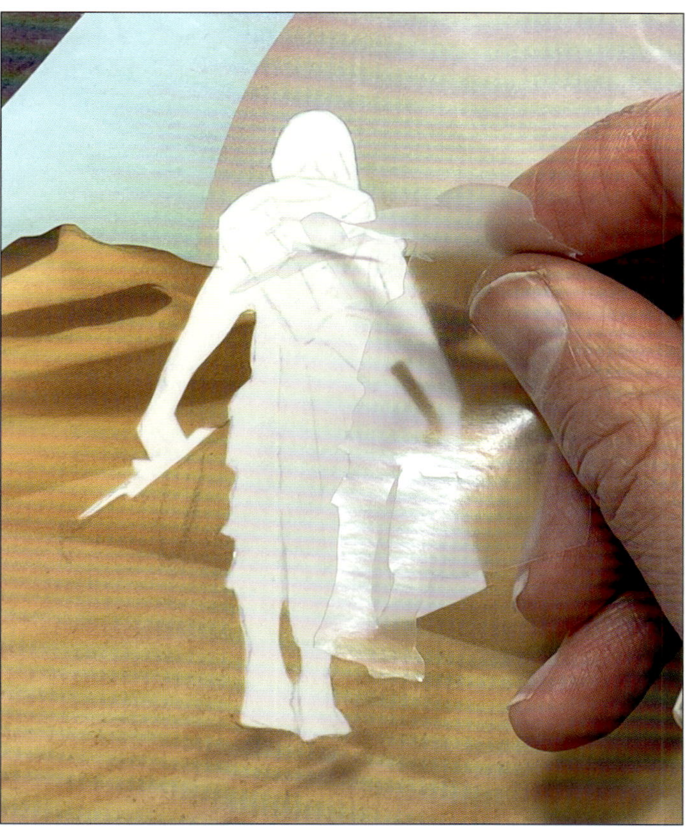

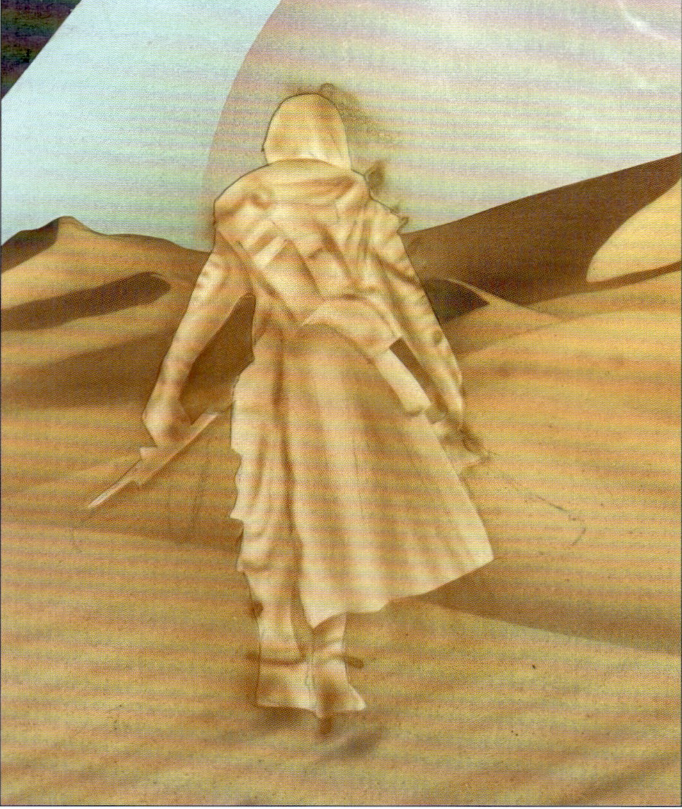

14 Schattierungen und Highlights

Im nächsten Schritt nutze ich Umbra, um noch mehr Details und Schattierungen zu integrieren. Dadurch hebt sich die Figur deutlicher vom Hintergrund ab, passt farblich aber noch zu der Hintergrundlandschaft. Mit ein wenig Blauschwarz mit Wasser dunkle ich die Figur noch etwas ab. Man muss nicht alles mit dem Airbrush-Gerät sprühen. An dieser Stelle wechsele ich zum feinen Pinsel. Mit einem 00er Pinsel geht's also weiter. Mit einem hellen Braun-Grauton kommen Details und Highlights dazu – das sind Falten, Strukturen und Schläuche. Mit einem dunklen Braunton passend zum Rest der Figur erweitere ich alles mit mehr Details und zusätzlichen, tieferen Schatten. So entstehen die Waffen, Schläuche, Seile, Schnallen und Taschen.

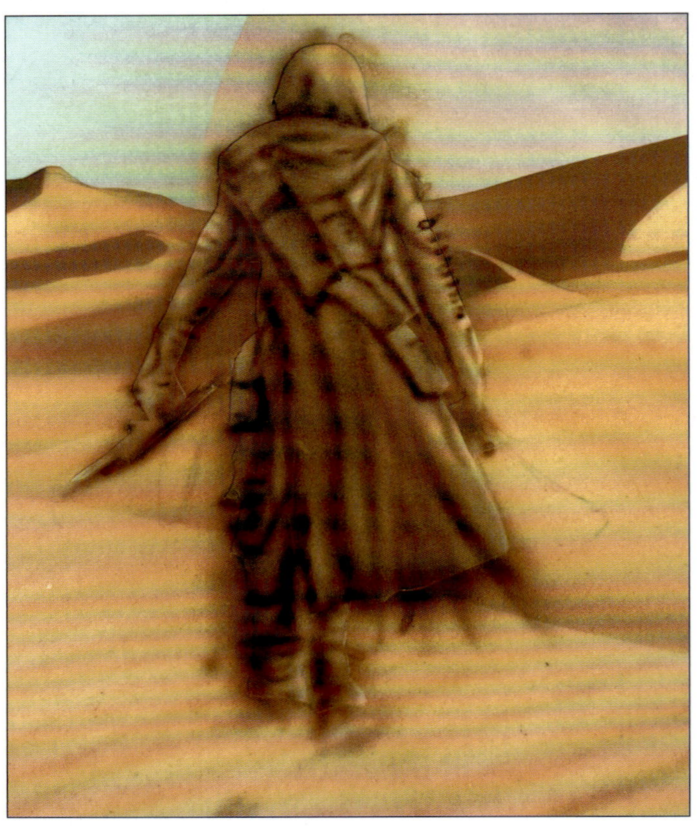

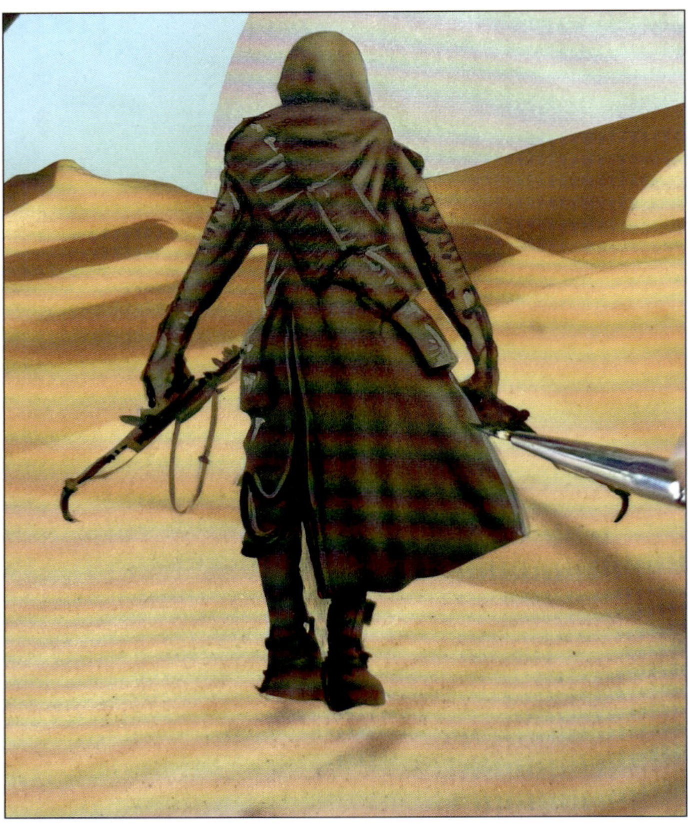

15 Schatten

Ich schneide nun die lose Schablone für den Schatten aus. Die muss beim Aussprühen auch gar nicht fest aufliegen, damit die Kanten nicht so hart werden. Ich sprühe von den Stiefeln aus von rechts nach links vorsichtig mit Umbra. Dabei soll die vorhandene Sandstruktur noch durchschimmern. Freihand kann man dann immer noch den Schatten ergänzen oder etwas weicher machen.

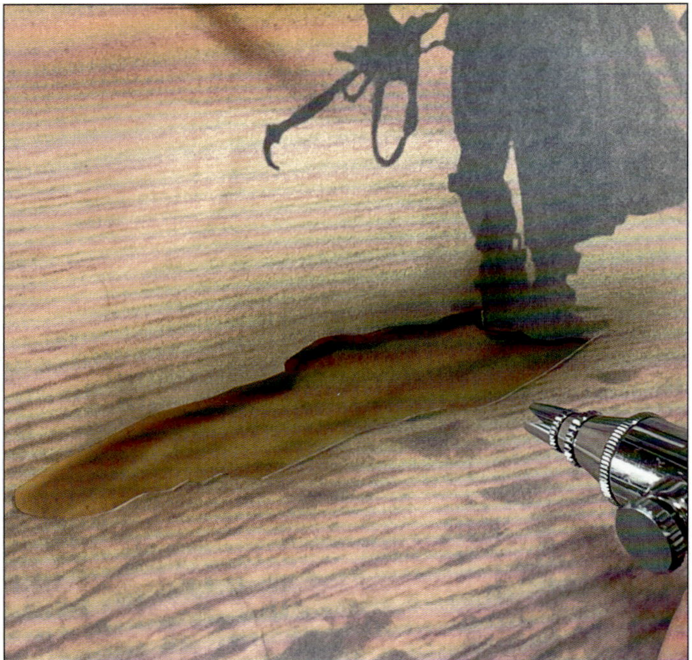

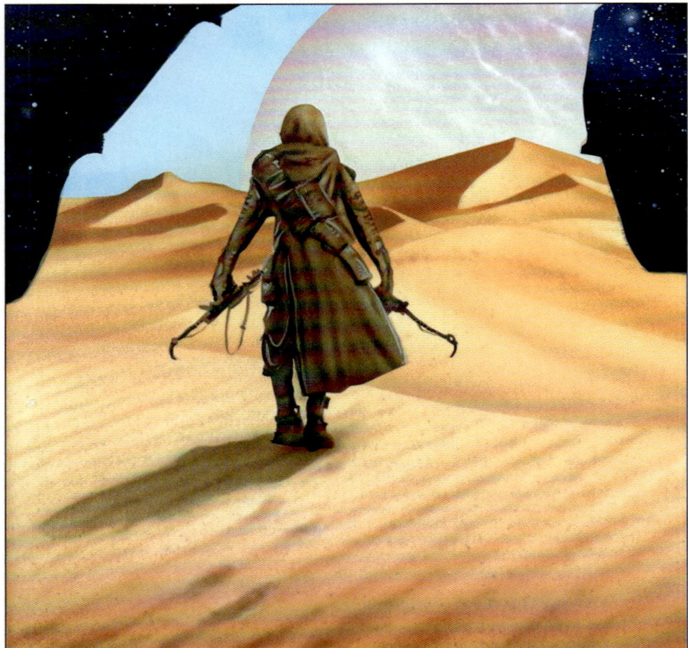

16 Drohnen

Es fehlen noch die Drohnen im Bild. Die schneide ich als lose Schablone aus der Vorlage aus, sprühe erstmal ein Braun drauf und male dann mit dem feinen Pinsel weitere Details hinein. Schattierungen und Form gestalte ich mit dunklen Farben, Highlights mit hellen.

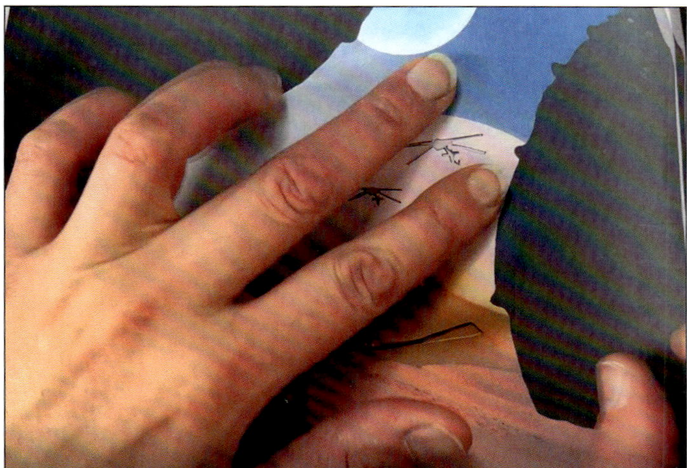

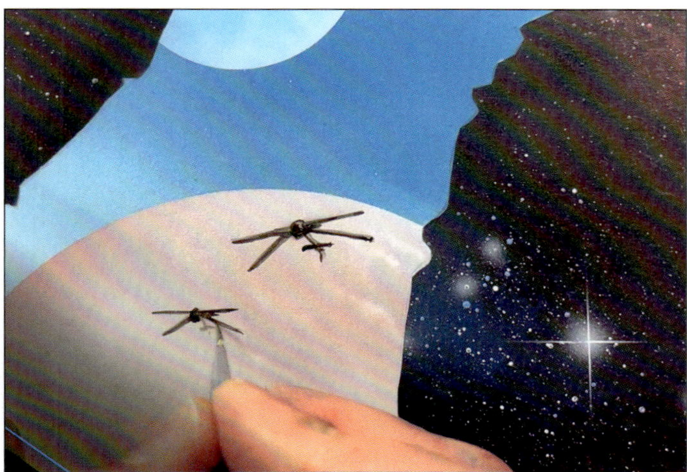

17 Finale Details

Die Drohnen sind jetzt fertig. Ganz zum Schluss sprühe ich noch mit einem gemischten Beige etwas wolkig über die Figur und den unteren Bildbereich. Das hüllt die Figur nochmal in einen nebeligen Sandsturm und bettet die Figur ein. Dabei muss man ganz vorsichtig vorgehen, damit nicht am Schluss noch ein Fehler passiert. Bei mir hat das Bild ungefähr 2-3 Stunden gedauert. Ich wünsche viel Vergnügen beim Nachmachen und dem eigenen Erfinden weiterer Fantasy-Sci-Fi-Landschaften.

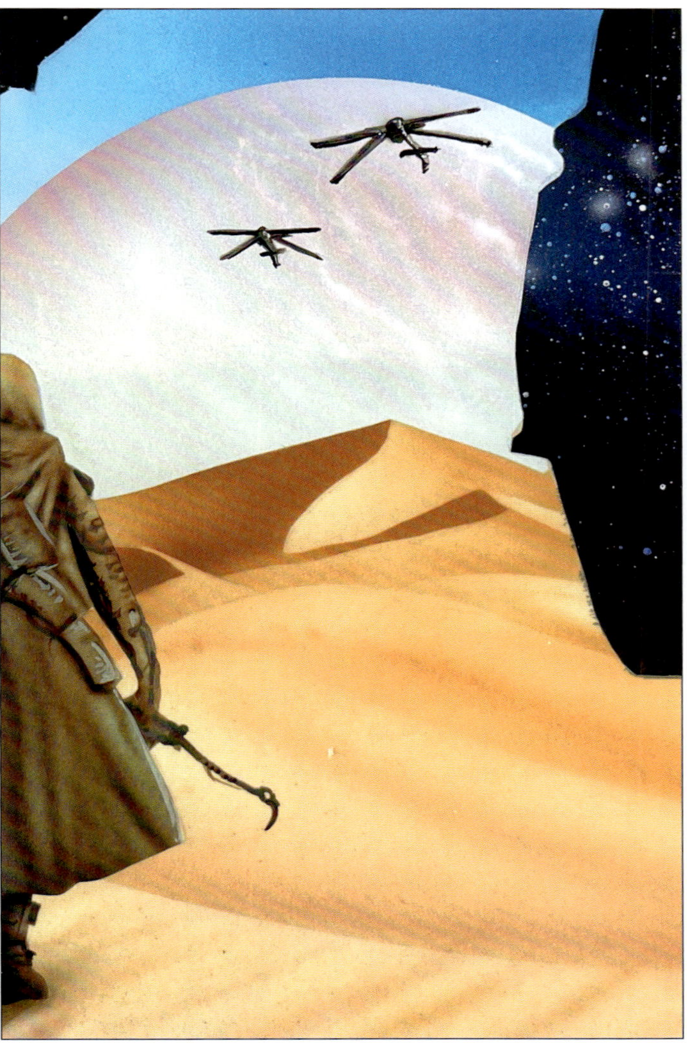

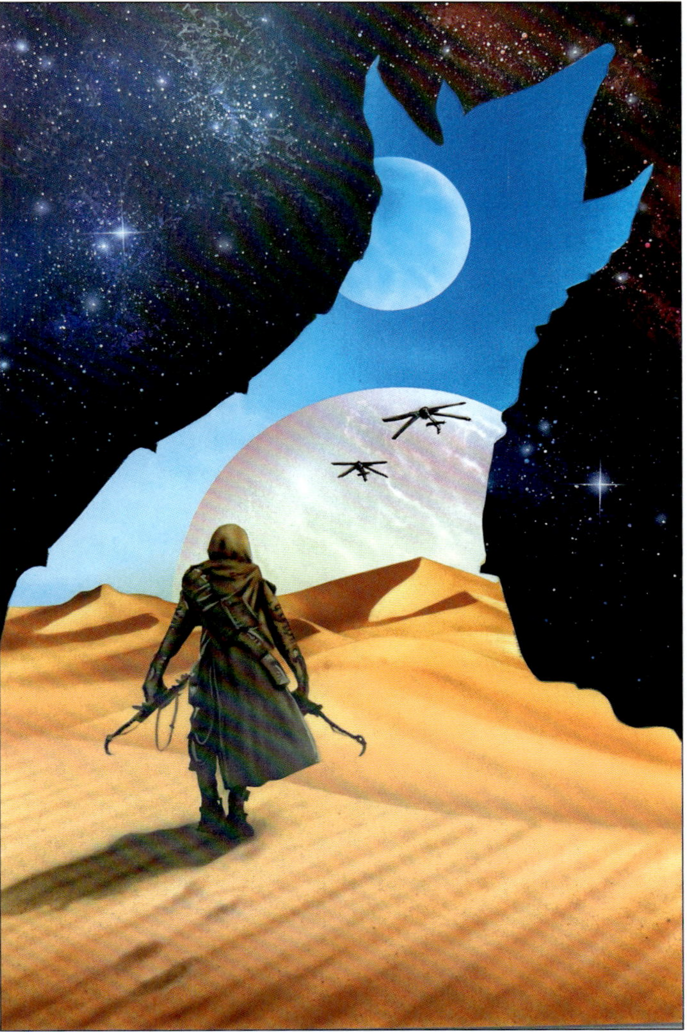

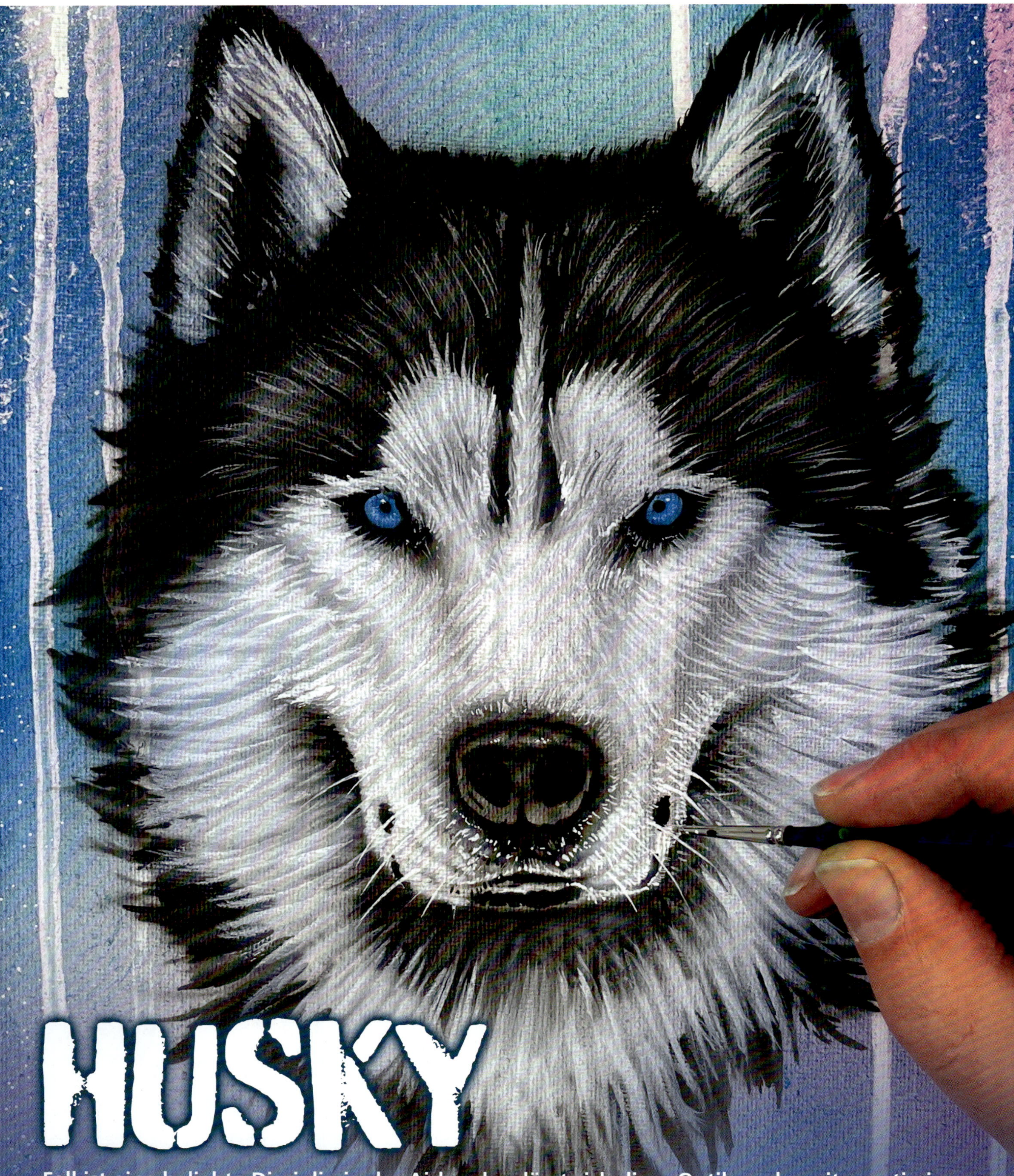

HUSKY

Fell ist eine beliebte Disziplin in der Airbrush-Kunst, da sich sowohl feine, klar definierte Haare darstellen lassen als auch die undefinierte, aber richtungsorientierte Fülle von Haaren. Im Zusammenspiel mit dem Pinsel lässt sich diese Optik noch weiter optimieren. Da dieser Husky auf Leinwand gearbeitet wird, kommen in diesem Fall keine Kratztechniken zum Einsatz, die sonst gerne für Haarstrukturen verwendet werden.

GRUNDAUSSTATTUNG – Husky

Airbrush: Double Action Airbrush mit 0,15 - 0,2 mm Düse

Untergrund: A4 Leinwand

Farben: AirbrushColor4you: Ghost Black, Extreme White, CMYK Cyan, Leave Green, CMYK Magenta

Zubehör: Feiner Pinsel, flacher Pinsel, Textur-Schwamm, Sprühflasche, Gewichte, Klebeband, Staffelei

01 Hintergrund vorbereiten

Sprühen Sie als Erstes oben und an den Rändern mit verdünntem Blau, einer Blau-Grün-Mischung und etwas CMYK Magenta. Nutzen Sie eine Sprühflasche und sprühen Sie dann mit Cleaner oder Isopropanol-Alkohol auf die Farbe drauf. Lösen Sie durch Tupfen Farbe mit dem Textur-Schwamm an und verteilen Sie damit etwas Struktur.

02 Dripping

Einen weiteren Effekt können Sie durch Heruntertraufeln von Farbe am Bildrand erwirken. Damit die Farbe noch besser fließt, können Sie mit Wasser oder Alkohol zusätzlich die Farbe in Fluss bringen. Sprühen Sie bei Bedarf nochmal mit Farben drüber oder nutzen Sie zusätzlich nochmal den Textur-Schwamm.

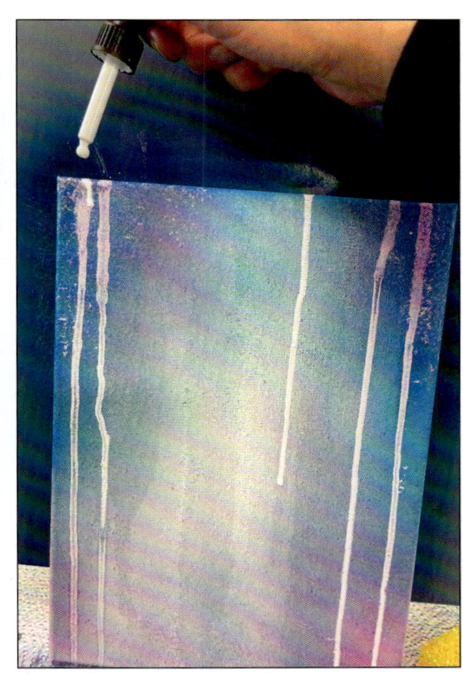

03 Schablone positionieren

Schneiden Sie alle wichtigen dunklen Bereiche aus dem Vorlagenmotiv aus, das Sie im Download-Bereich dieses Buches finden. Sie können die Konturen auch auf Maskierfilm, Transparentpapier oder Folie übertragen und daraus eine Schablone erstellen. Lassen Sie den Hintergrund trocknen, bevor Sie die Schablone auflegen. Versuchen Sie, die Schablone zentriert zu positionieren. Eventuelle Lücken können Sie mit Klebeband abdecken. Nutzen Sie sonst auch Gewichte, um die Schablone anzudrücken, sofern Sie nicht mit klebenden Materialien arbeiten.

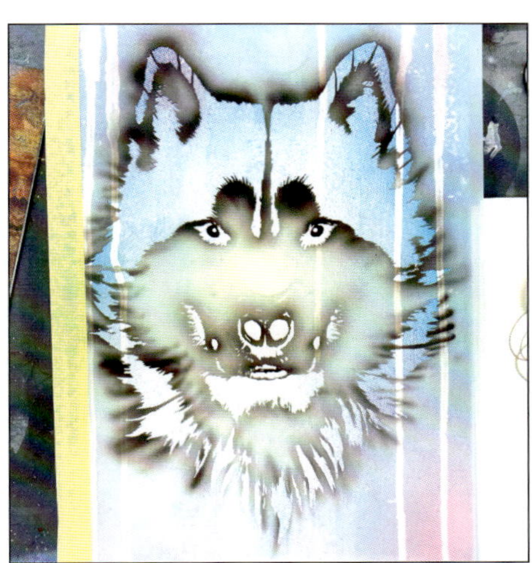

04 Die erste Farbschicht

Sprühen Sie jetzt mit unverdünntem Schwarz in die Schablonenbereiche hinein. Dabei ist es schon jetzt wichtig, dass die Öffnungen der Schablone mit Strichen in Wuchsrichtung ausgemalt werden. Vergleichen Sie mit dem Vorlagenmotiv die Richtung und Intensität der Schattierungen. Um Bereiche weiter abzudunkeln, sprühen Sie weitere Schichten Schwarz auf. Entfernen Sie dann die Schablone.

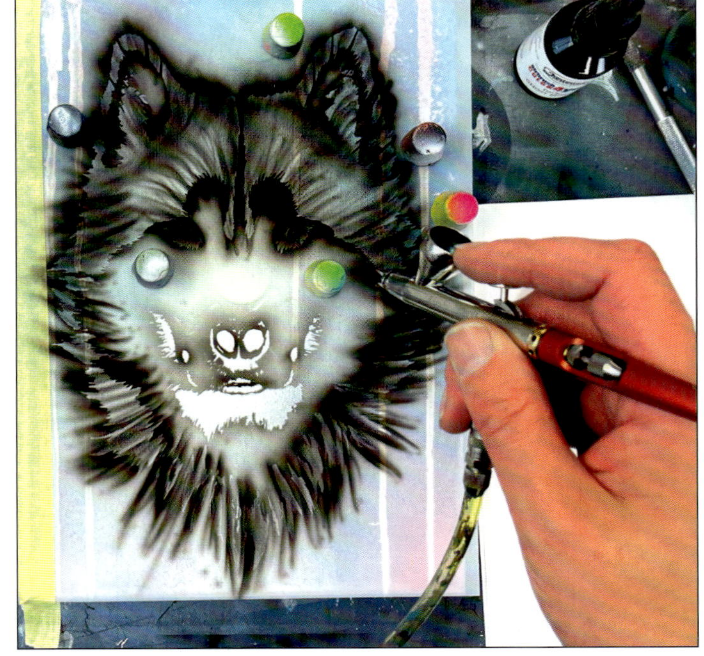

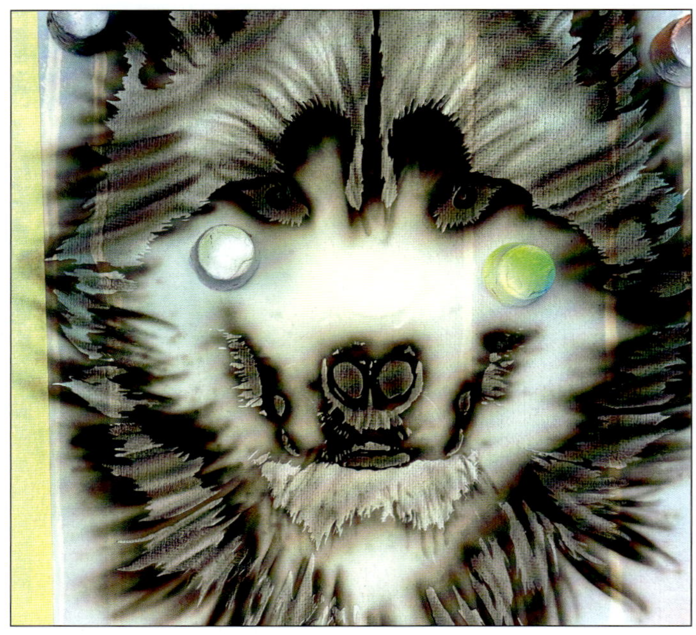

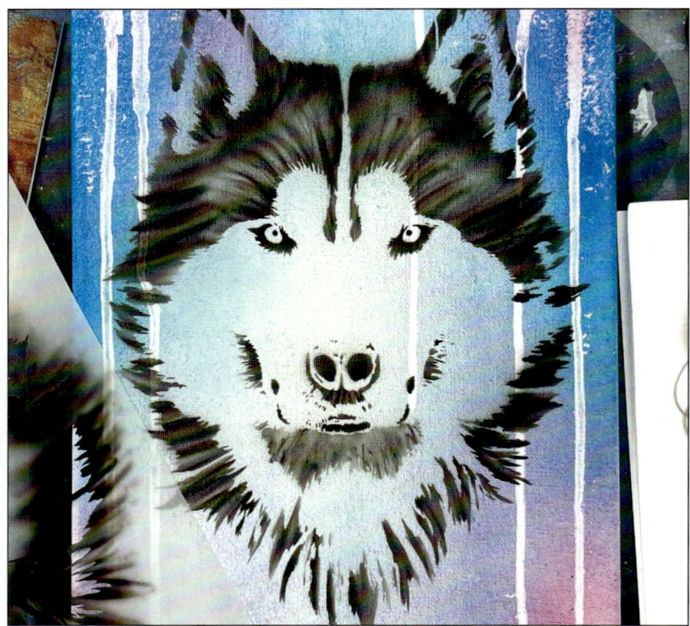

05 Schatten hinzufügen

Ebenfalls mit Schwarz werden nun Schattierungen freihand aufgesprüht. Orientieren Sie sich an den zuvor aufgesprühten Merkmalen der Schablone und vergleichen Sie mit dem Referenzmotiv. Sprühen Sie unterhalb des Fangs, um die Schnauze abzuheben. Sprühen Sie dabei weiche Schatten mit groben Linien in Wuchsrichtung. Beachten Sie auch die Schattierung an den Lippenwinkeln. Anschließend sprühen Sie die Schattierungen, um den Nasenrücken hell hervorzuheben. Achten Sie auch auf die Schatten am Auge, an der Stirnfurche und Nasenkuppe. Dadurch wird alles plastischer und die Leinwand bekommt etwas Farbe, um später die feine Fellstruktur darauf aufzubauen. Mit kleinen Punkten, Strichen und Schatten fügen Sie kleine Details an und unterhalb der Nase ein.

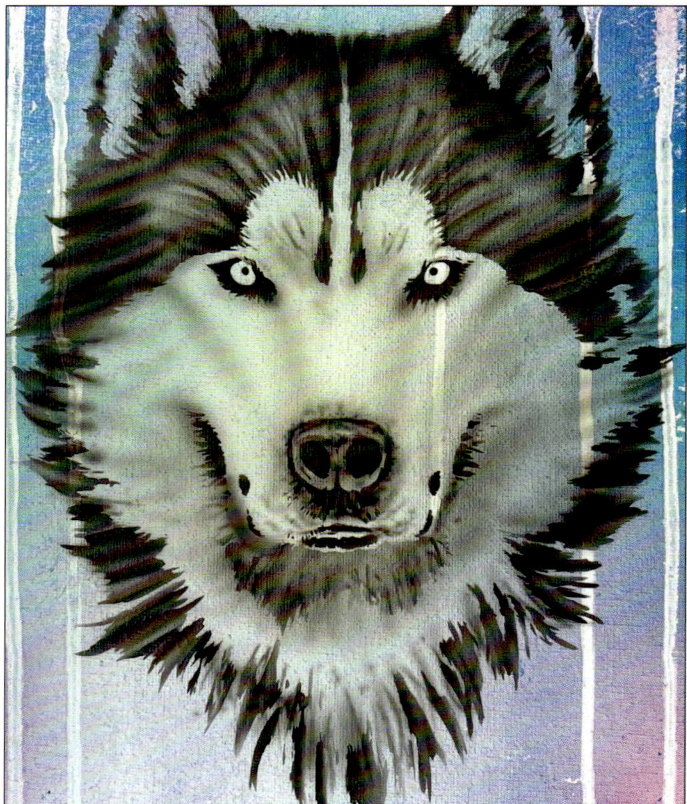

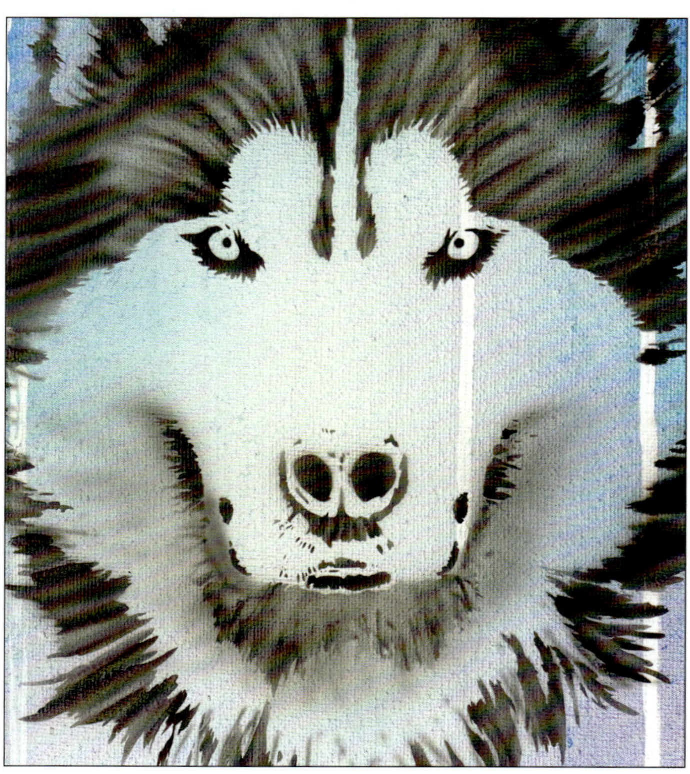

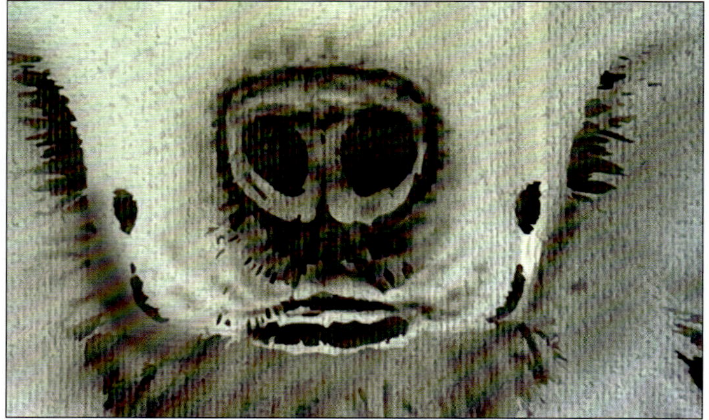

06 Fellstruktur

Mit Weiß und einem feinen Pinsel wird jetzt die Fellstruktur aufgemalt. Dabei ist die Länge und die Menge sowie die Richtung der Striche wichtig. Die feinen Striche werden auch in die dunklen Fellbereiche vorsichtig hineingemalt. Der obere Kopfbereich wird dabei mit dem feinen Pinsel ausgestaltet, und für den unteren gröberen Fellbereich verwendet man einen flachen Pinsel. Nasse Farbe lässt sich prima in die schon vorhandenen schwarzen Fellbereiche streichen, damit das Ganze eine recht flauschige Optik bekommt. Mit einem feinen Pinsel arbeiten Sie weitere Fellstriche auf der Stirn ein, die dann auch wieder mit Schwarz leicht übernebelt werden. Auch die Ohrmuscheln bekommen Fell in richtiger Richtung gemalt. Zum Schluss malen Sie kleine Details und Minihärchen mit dem feinen Pinsel an Augen, Fang und Nase hinzu.

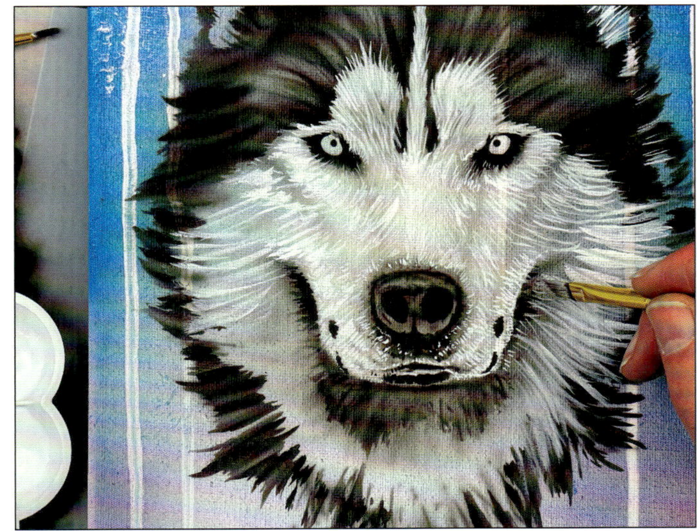

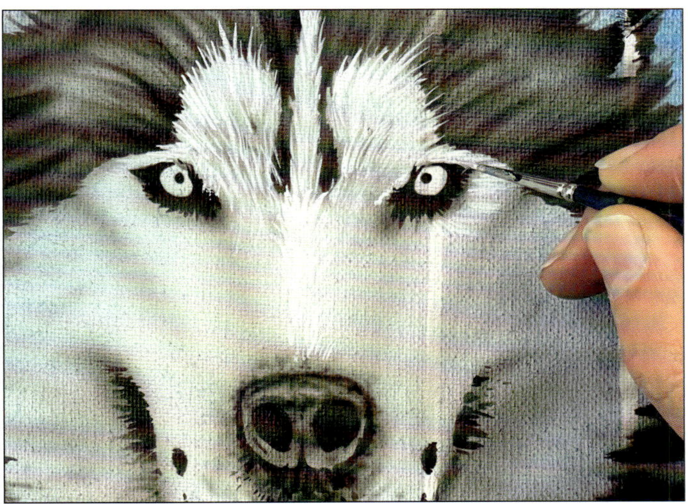

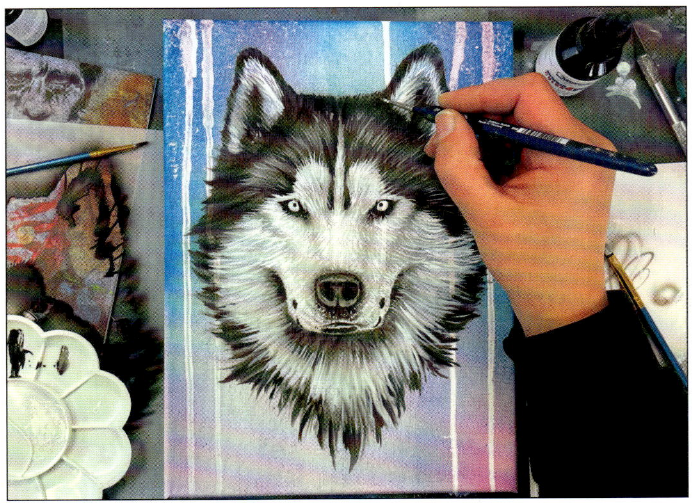

07 Augen & Fellaufhellungen

Die Augen werden blau grundiert, ein paar helle Details fügen Sie mit Weiß und feinem Pinsel hinzu. Damit die Fellstruktur noch besser miteinander verbunden ist, sprühen Sie mit Weiß die hellen Fellbereiche leicht über. Versuchen Sie hierbei ebenfalls, mit Strichen in Wuchsrichtung zu arbeiten. Die zuvor aufgemalte Struktur sollte dabei noch durchschimmern.

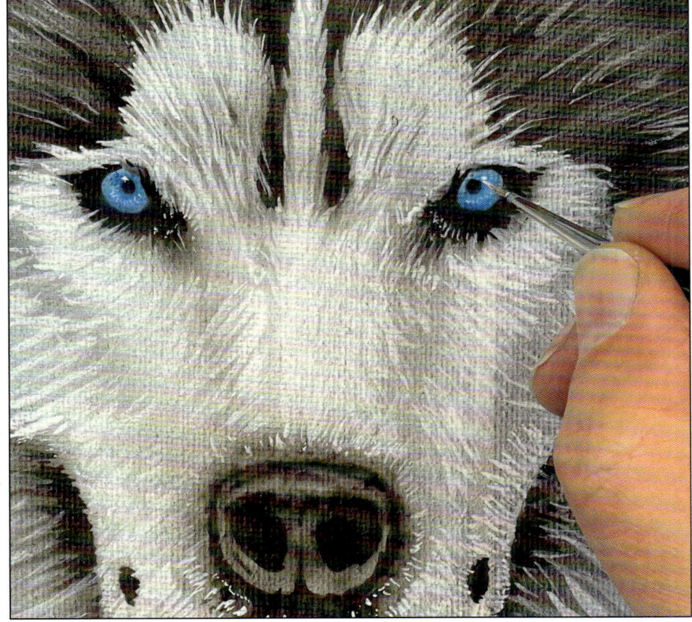

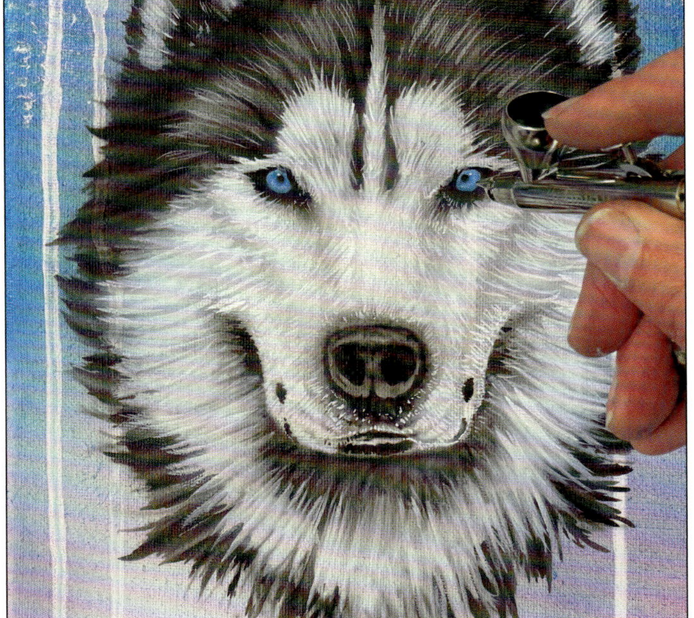

08 Schnurrhaare

Sind Sie zufrieden mit dem bisherigen Ergebnis, kommen zum Schluss die Schnurrhaare hinzu, ebenfalls mit einem feinen Pinsel. Diese sind beim Husky relativ kurz und auch eher spärlich.

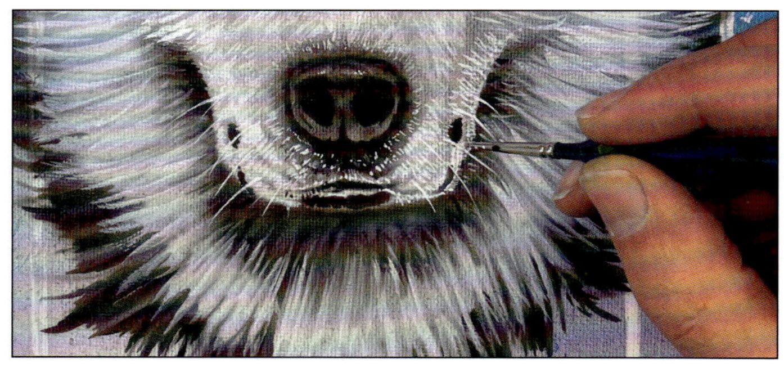

09 Finale Schritte

Tragen Sie bei Bedarf noch weitere Striche mit Weiß und Schwarz für das Fell auf, so dass sich die Kontur des Huskys gut vom Hintergrund abhebt. Wenn Sie möchten, können Sie mit den bunten Farbtönen leichte Schattierungen im Fell ergänzen. Mit Weiß sprenkele ich noch ein wenig Struktur am Rand der Leinwand auf und gebe dem Bild seinen finalen Touch.

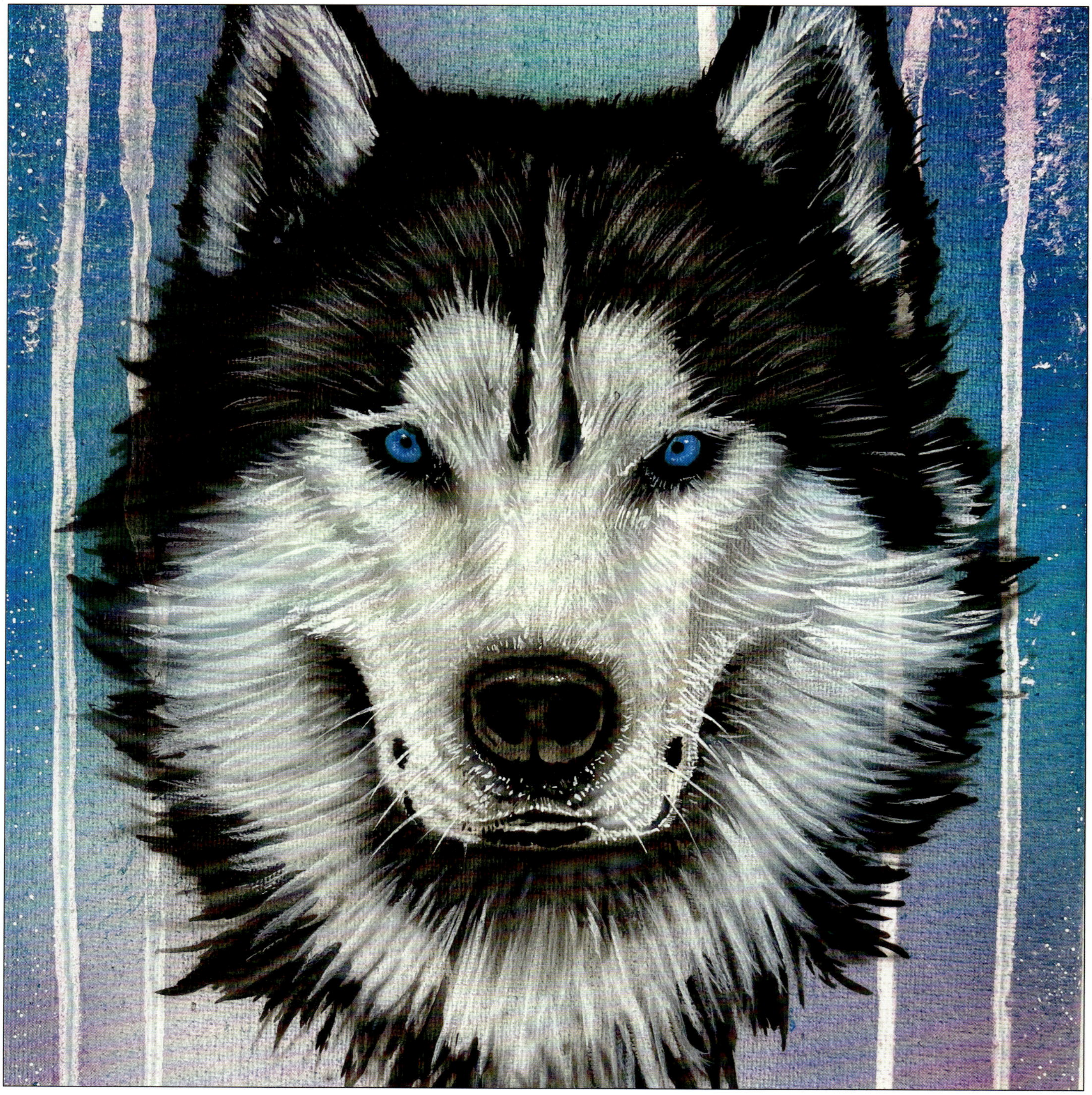

Referenzfotos

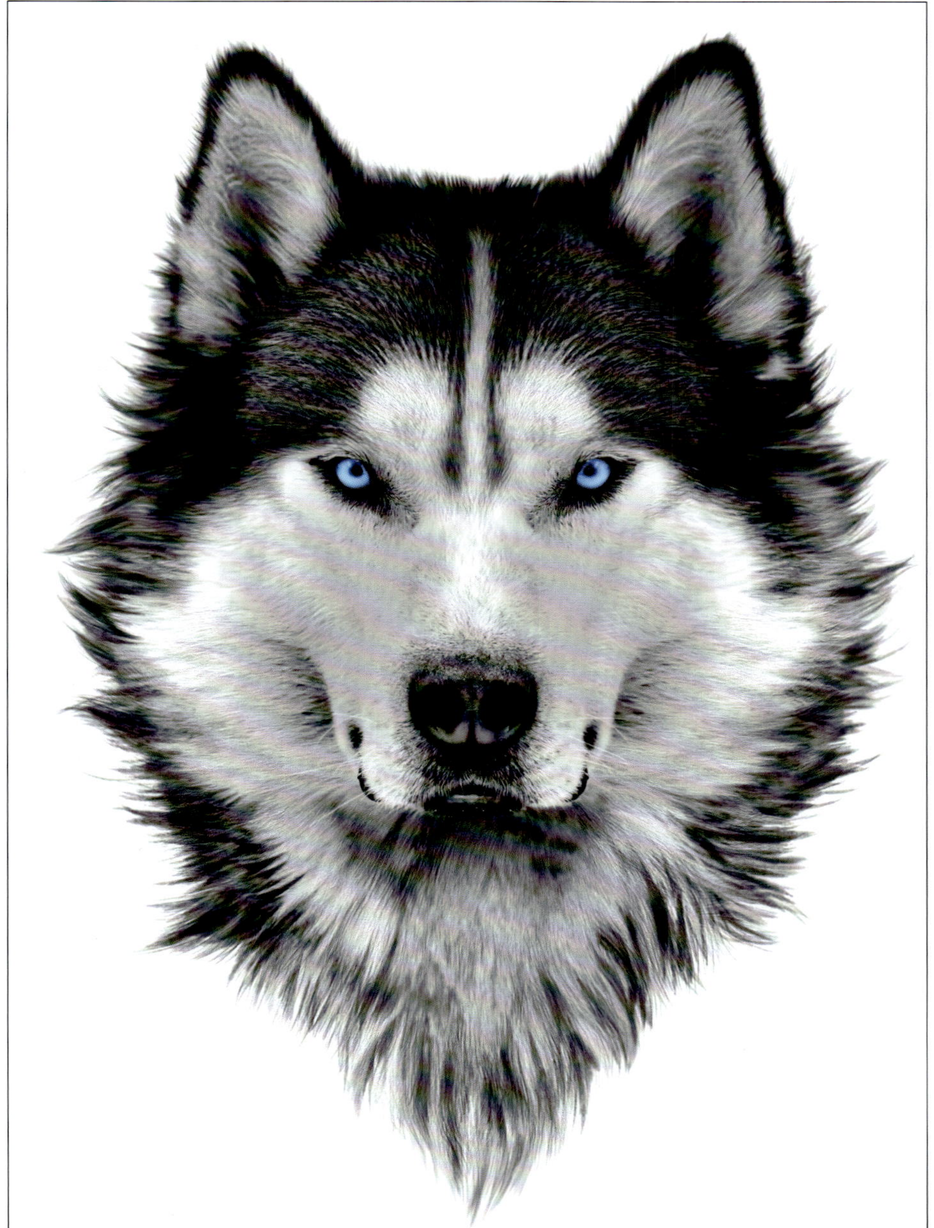

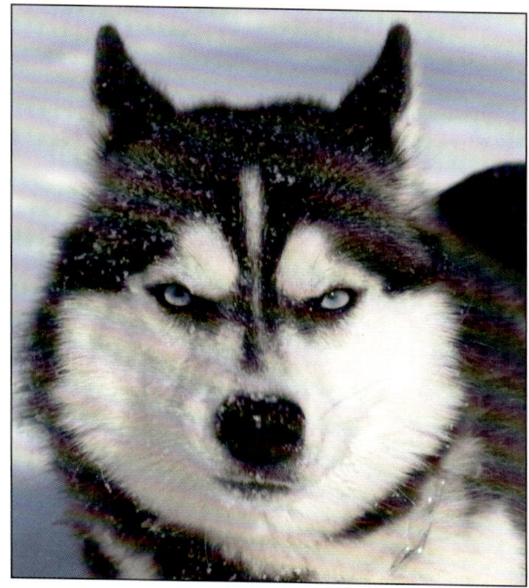

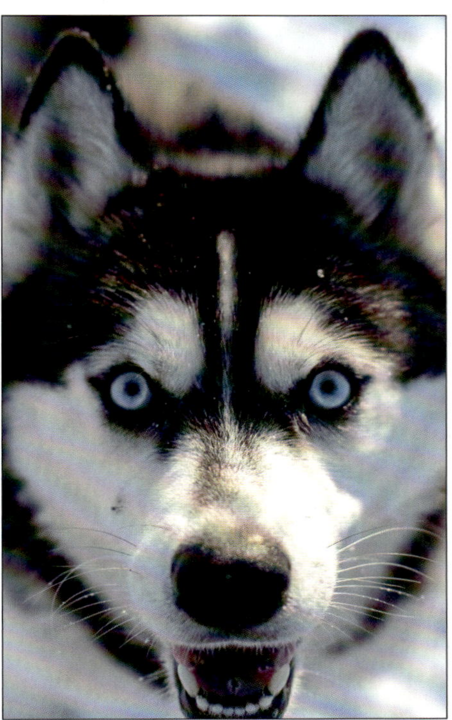

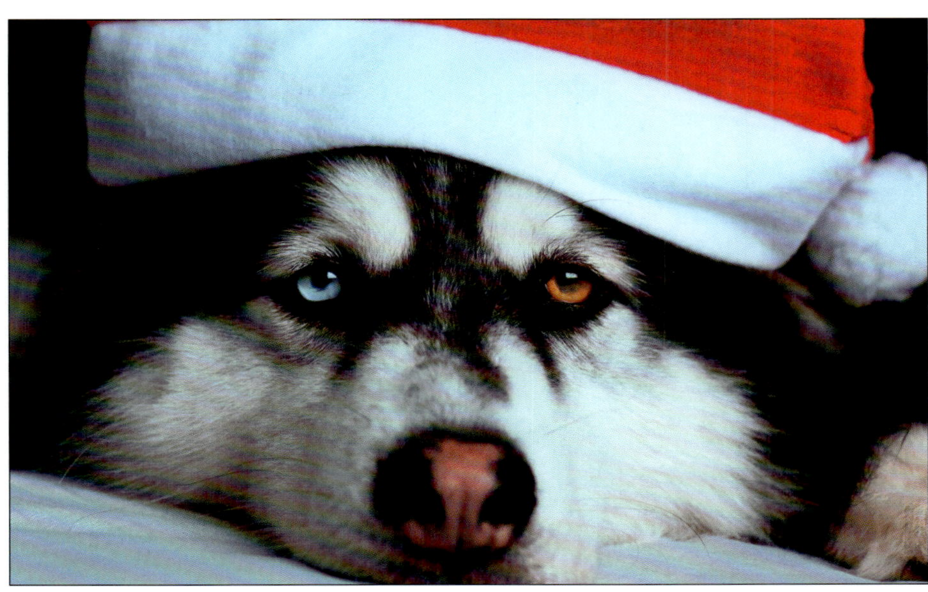

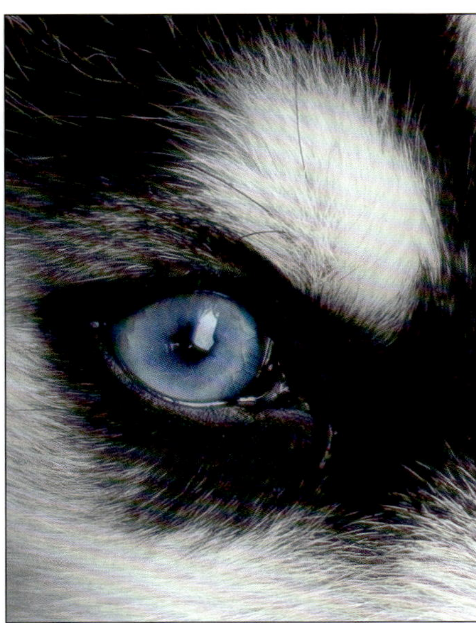

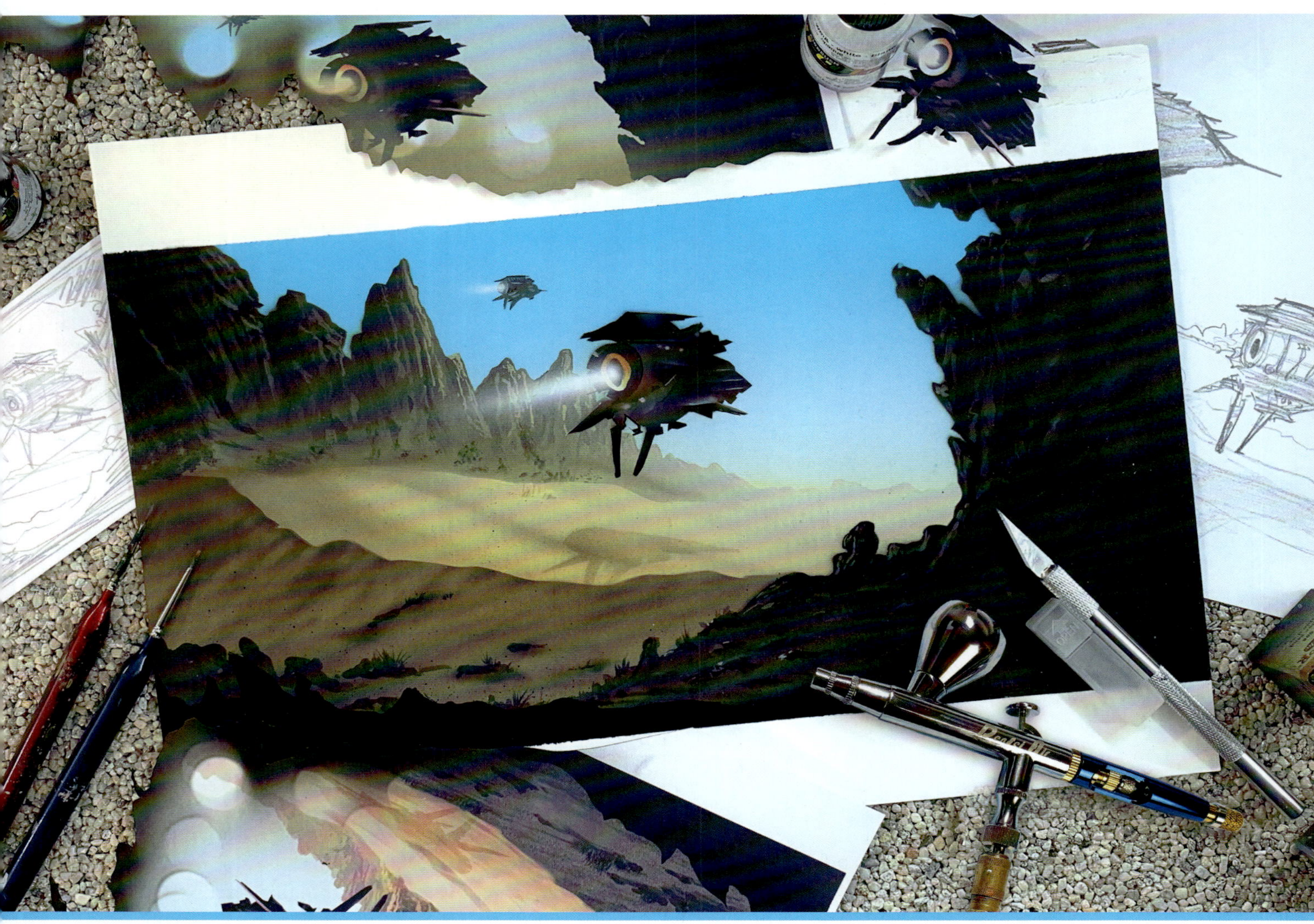

FLIGHT OVER

Bei Science-Fiction-Illustrationen sind der Fantasie keine Grenzen gesetzt: Für Raumschiffe und Landschaften fremder Welten gibt es keine realen Vorlagen. Noch dazu entstehen viele von ihnen als Concept Art für Filme, bei denen es auf eine fotorealistische Ausarbeitung nicht ankommt. Lassen Sie also Ihrer Kreativität freien Lauf!

GRUNDAUSSTATTUNG – Flight Over

Airbrush: Double Action mit 0,3 mm Düse

Farben: Schwarz, Umbra, Weiß, Blau, Gelb, Feuerrot, Sand

Weitere Materialien: Bleistift, Kopierpapier, Skalpell, Maskierfilm, Abklebeband, Rundpinsel Fein, Borstenpinsel, Mischteller, Artool Pocket GrafX Schablone

Untergrund: Airbrush-Papier

01 Die Skizzen

Bevor ich mit meiner Illustration loslege, starte ich mit einer Skizze, um die Objekte zu positionieren und das Bild aufzuteilen. Mir reicht dafür ein Kopierpapier und ein Bleistift aus. Zusätzlich mache ich eine Fotorecherche in Bilddatenbanken und Illustrationsbüchern, um mich mit den Strukturen und Formen zu beschäftigen. Einfache Raumschiffe können mit Hilfe der Silhouetten-Technik realisiert werden. Ein digitaler Entwurf hilft bei der genauen Übertragung der Konturen, da ich daraus lose Schablonen schneide.

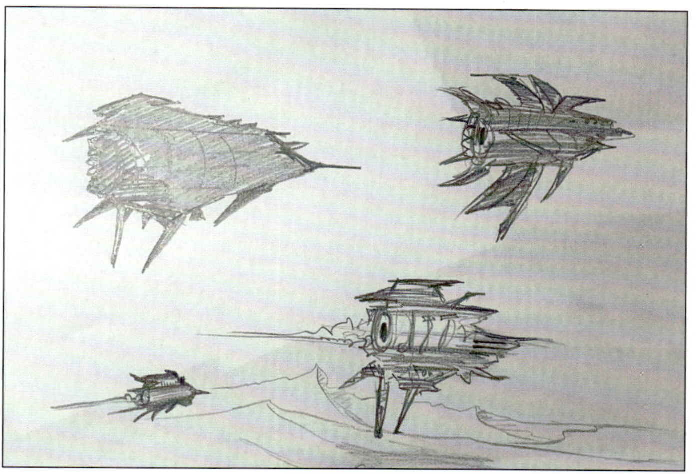

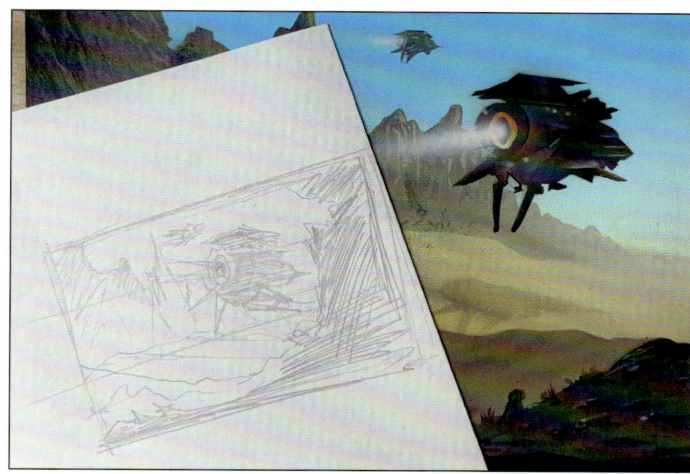

02 Hintergrund

Meine kleine Illustration wird auf Airbrush-Papier gemalt. Ich möchte aber eine längliche, cinemaskopische Form haben, daher klebe ich oben und unten etwas ab, um die Fläche zu begrenzen. Ich mische mir ein Hellblau aus Blau und Weiß und sprühe einen Farbverlauf von der oberen Kante nach unten auf. Damit der Farbverlauf im unteren Bereich schön weich wird, blende ich mit Weiß von unten nach oben noch einen hellen Verlauf ein. Der Farbverlauf nimmt ungefähr Zweidrittel der Fläche ein.

03 Erste Maskierung

Ich schneide aus meiner digitalen Vorlage, die ich auf dickerem Papier ausgedruckt habe, eine Schablone für die Berge auf der linken Seite. Der obere Bereich wird maskiert. Zur Fixierung der Schablone nutze ich Gewichte. Dadurch bekommt man auch eine scharfe Kante und hat beide Hände für den Sprühprozess frei.

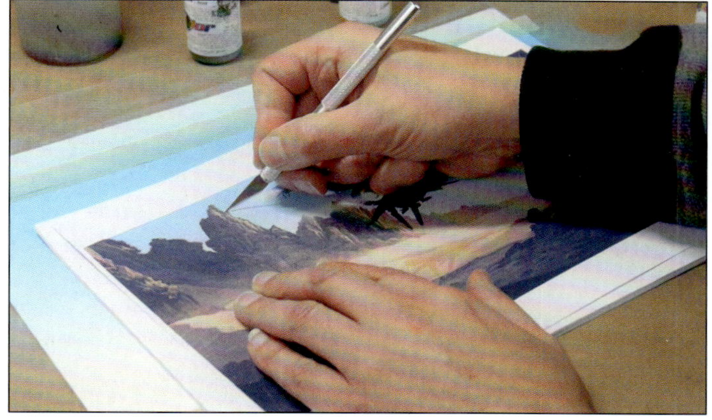

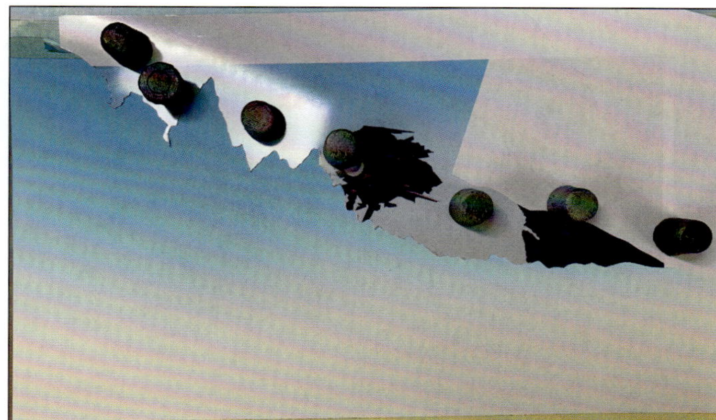

04 Bergsilhouette

Ich sprühe mit einer Braunmischung aus Umbra und Sandfarben von oben nach unten die Bergsilhouetten aus. Der Farbauftrag darf ruhig etwas unregelmäßig sein, da hier noch weitere Farbschichten folgen. Als zweite Farbschicht sprühe ich jeweils auf der linken Seite der Berghälften eine Mischung aus Umbra, etwas Schwarz und Wasser, um so den Bergen schon ein wenig Licht-/Schattengebung zu verleihen.

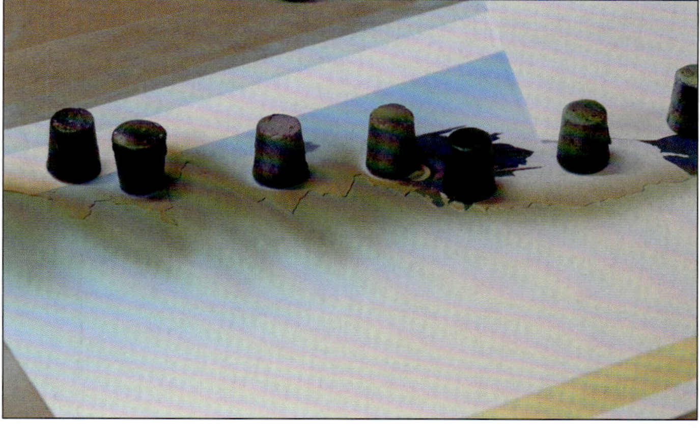

05 Bergstruktur

Die Maske kann nun entfernt werden. Mit einem Rundpinsel geht es jetzt weiter in der Acrylmaltechnik. Ich nutze die normalen Airbrush-Farben und träufele ein paar Tropfen auf meinen Mischteller. Mit einer Schwarz-Umbra-Wasser-Mischung starte ich beim Berg auf der linken Seite. Ich rolle die breite Seite des Pinsels von oben nach unten, um einen unruhigen, etwas strukturierten Farbauftrag zu bekommen. Mit einer Umbra-Wasser-Mischung kommen nach rechts hin weitere Pinselstrukturen dazu. Dann arbeite ich mit einem kleinen Pinsel und einem hellen Braunton, den ich aus Umbra, Gelb und Weiß gemischt habe, helle Strukturen als Lichtkanten auf den rechten Berghälften ein. Wichtig ist, dass die Striche unregelmäßig aufgetragen werden.

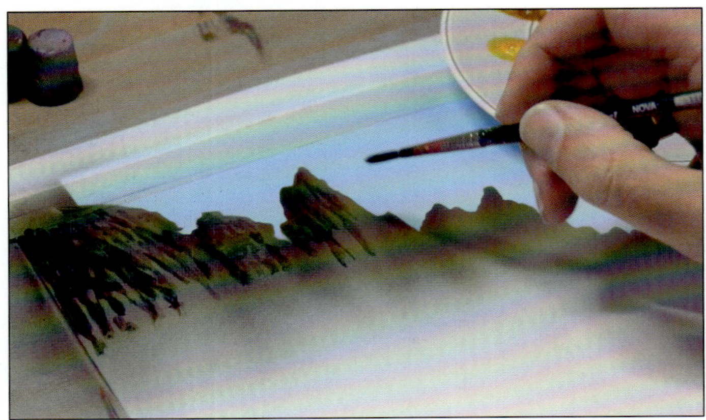

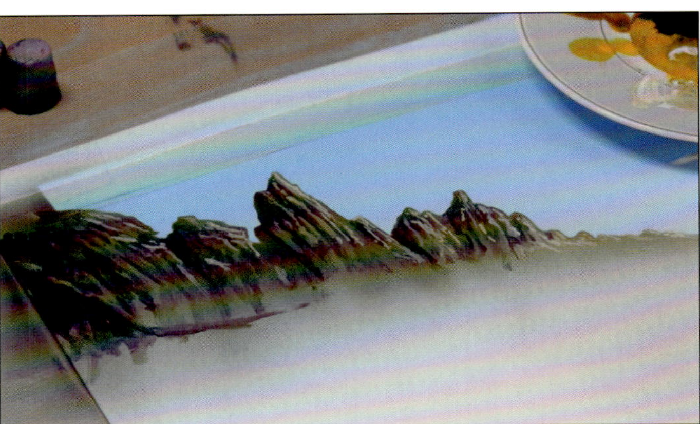

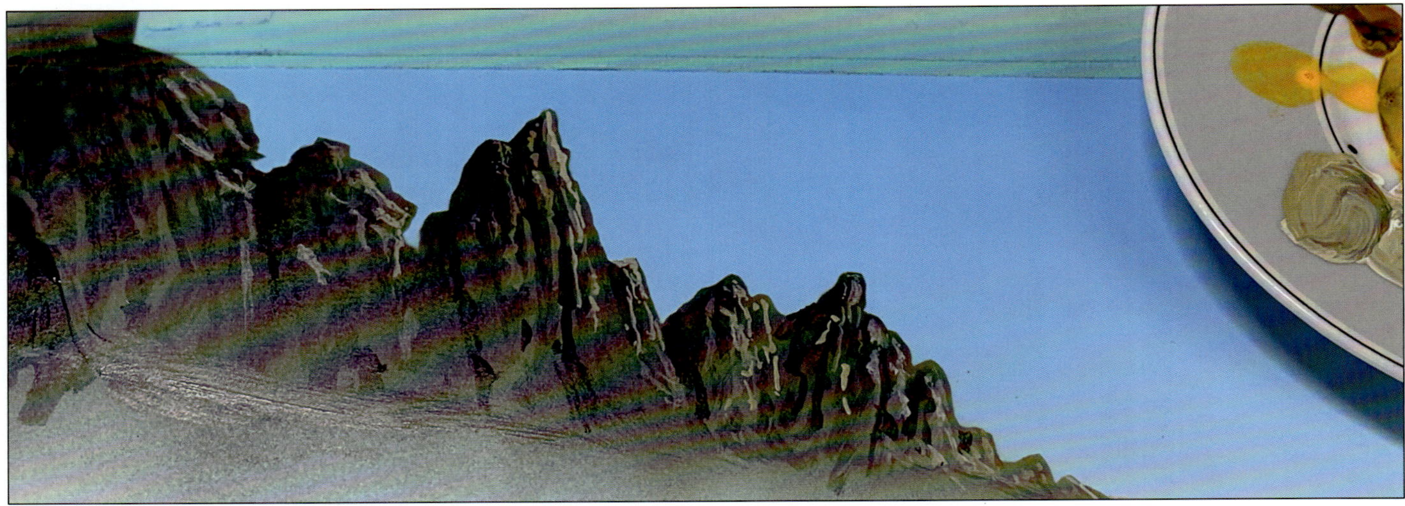

06 Strukturen einbetten

Um die Bergstrukturen in meinen Farbauftrag einzubetten, sprühe ich jetzt Farbe über die zuvor aufgetragenen Pinselstrukturen. Dazu lege ich im oberen Bereich wieder die Schablone auf. Auf der linken Seite der Bergkette nutze ich eine Mischung aus Schwarz, Umbra, etwas Weiß und Wasser. Das Weiß bewirkt, dass die Farbe etwas dunstig-nebelig wirkt. Auf der rechten Seite der Bergkette nutze ich Umbra, Gelb, Weiß und Wasser, um hier ebenfalls alles etwas überzunebeln. Durch diesen Farbauftrag bekomme ich auch einen ersten farblichen Übergang zum mittleren Bereich des Motivs.

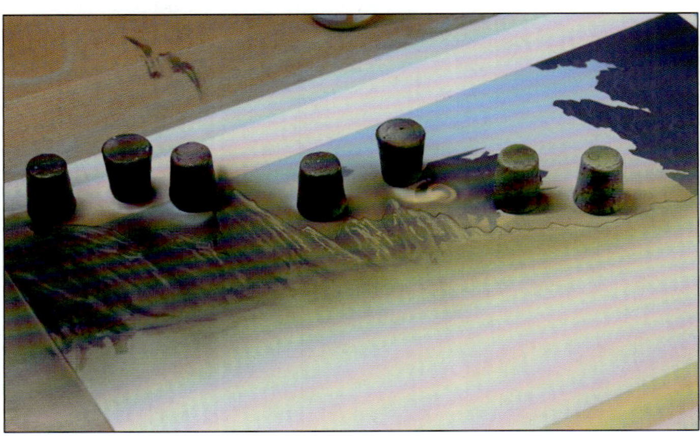

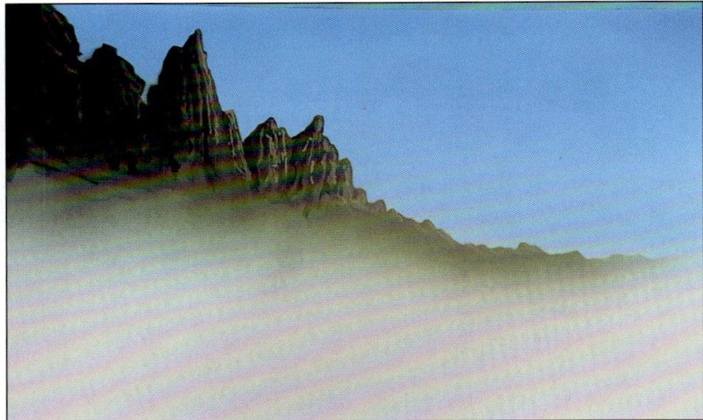

07 Sanddünen

Nun decke ich auch die Berge im oberen Bereich ab und es entsteht eine scharfe Kante. Mit einem deckenden Beige sprühe ich einen Farbverlauf von der Kante nach unten. Indem ich etwas Umbra beimische, mache ich die Farbe dunkler und ziehe von oben nach unten schräg ein paar weiche Linien ein, um sandige Dünen zu ermöglichen.

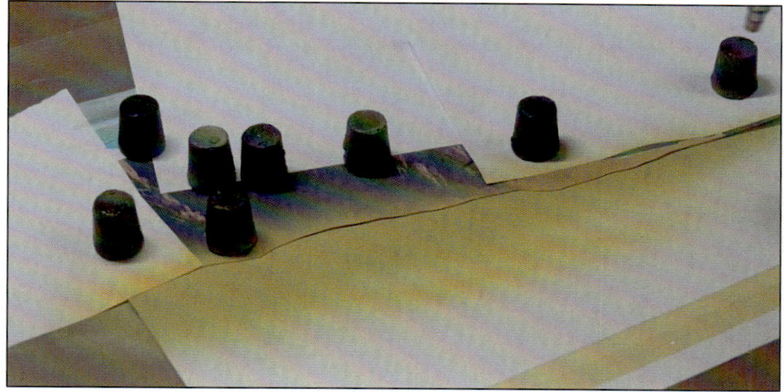

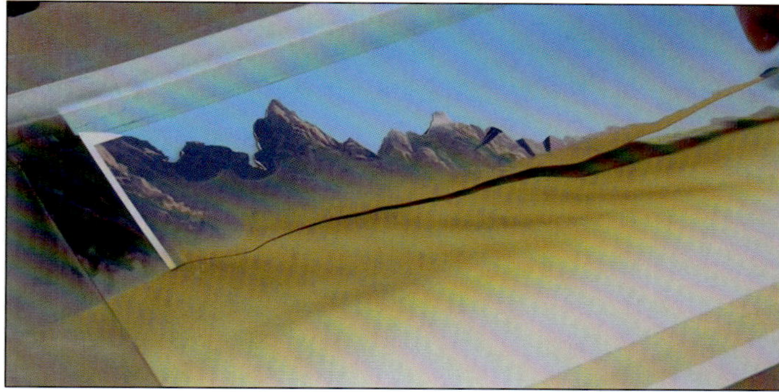

08 Vegetation

Mit einem alten Borstenpinsel und grüner Farbe tupfe ich Strukturen oberhalb der Sanddüne in den Bergbereich ein, um hier etwas Vegetation anzudeuten.

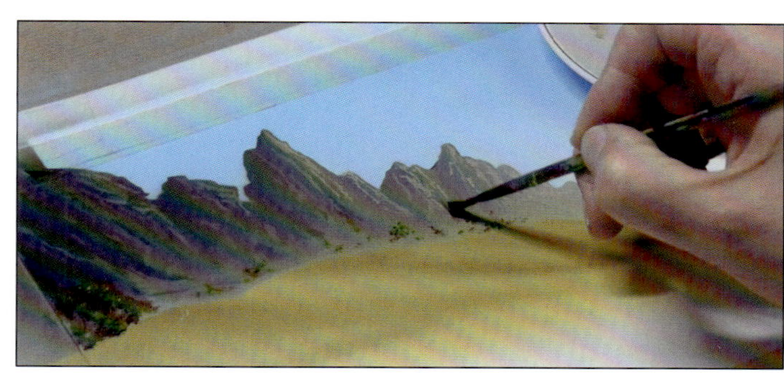

09 Düne schattieren

Ich decke den oberen Sanddünenausschnitt mit einer Papierschablone ab und sprühe von der oberen Kante mit einem dunklen Braun den schattigen Dünenbereich darunter. Diesmal sprühe ich dunkelbraune weiche Striche von oben nach unten links, um die Richtung des Sandverlaufs anzudeuten.

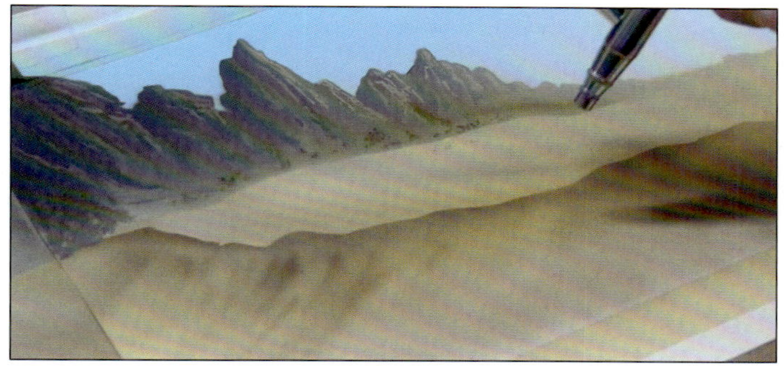

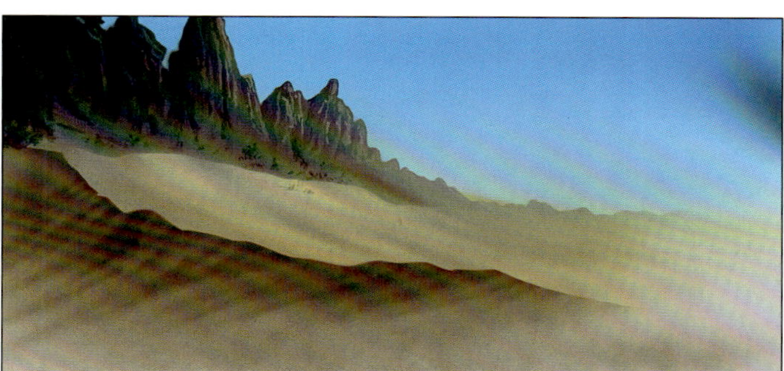

10 Felsvorsprung brushen

Jetzt kommt der Berg im Vordergrund. Der restliche Bereich des Motivs wird abgedeckt und nur die Schablone für den Berg im Vordergrund aufgelegt. Ich nutze einige Gewichte, damit ich eine scharfe Kante bekomme. Ich sprühe den Berg etwas unruhig und strukturiert aus. Dabei achte ich darauf, minimal etwas Licht und Schatten in den einzelnen Felsvorsprüngen aufzubauen. Dafür nutze ich eine Mischung aus Schwarz, Umbra und Wasser. Das Wasser ist wichtig, damit man noch mit dem Farbauftrag etwas nuancieren kann und nicht gleich alles satt Schwarz abdeckt. Nach unten hin lasse ich das Schwarz auslaufen. Dort werden gleich noch weitere Steine aufgemalt.

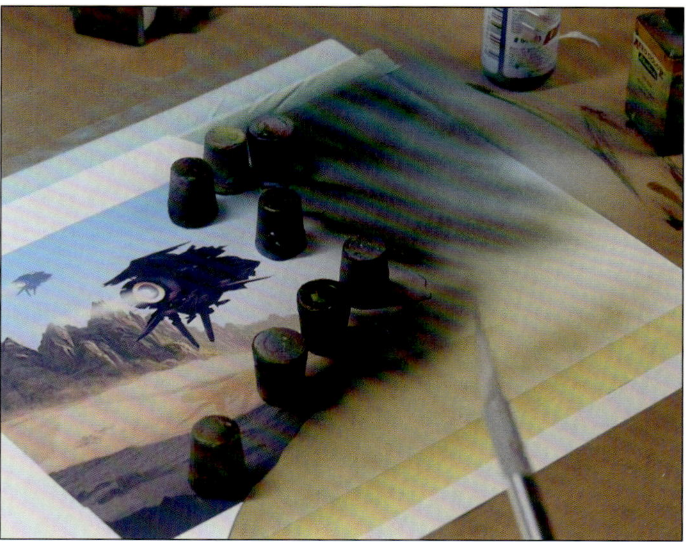

11 Felsvorsprung strukturieren

Mit einem feinen Pinsel und hellen Grautönen trage ich Strukturen auf die dunkle Fläche des Vordergrundberges auf. Das dient nicht nur, um dem Berg seine eigentliche Struktur zu geben, sondern auch, um den Felsen etwas Licht und Schatten einzuhauchen, damit diese realistischer aussehen.

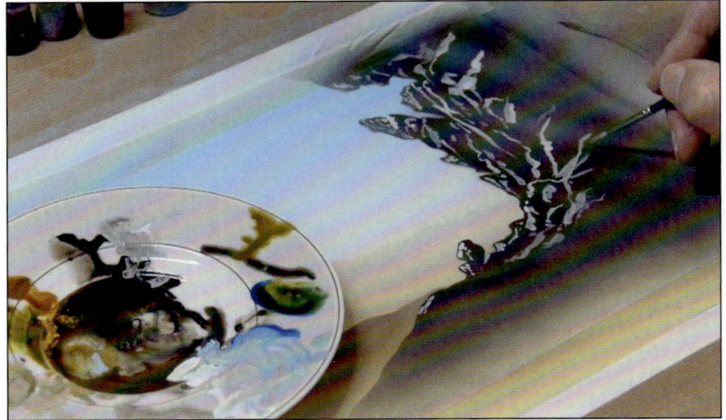

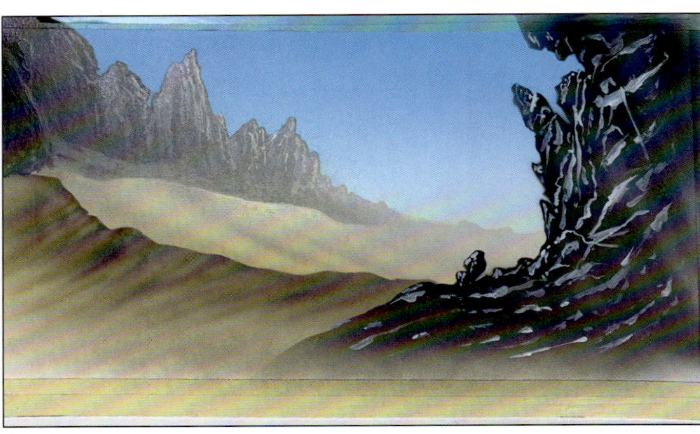

12 Farbe einbetten

Dann sprühe ich alles mit transparentem Schwarz über. Ich berücksichtige aber Schatten und Felsspalten und lasse noch ein wenig von den zuvor aufgemalten hellen Strukturen durchschimmern. Hier sieht man, wie schön sich die Airbrush-Technik mit den klassischen Pinselstrichen kombinieren lässt.

13 Steine

Mit einem kleinen Pinsel und schwarzer Farbe male ich jetzt kleine Steine und Felsen auf. Anschließend setze ich graue Lichter auf die linke Seite der Steine, um diese minimal realistisch anzudeuten. Mit transparentem Schwarz sprühe ich Schattierungen an den Steinen und Felsen auf, damit eine Verbindung zum Untergrund entsteht.

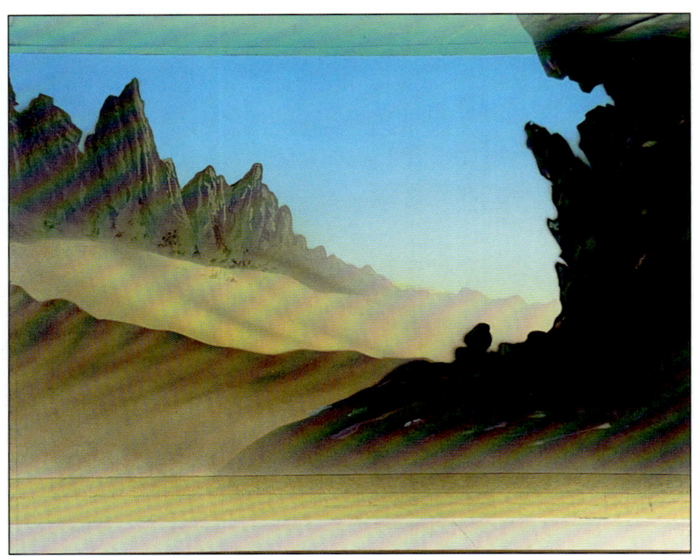

14 Gräser und Textur

Weitere Details kommen mit der Schlauch-Abknick-Methode dazu. Damit sprenkle ich dunkle Farben im unteren Motivbereich, um einen sandigen Vordergrund anzudeuten. Mit einem Pinsel deute ich hier und da zusätzlich ein paar zarte Gräser an. Zum Schluss überneble ich das Ganze mit einem dunklen Farbton. Allerdings ist dieser ein wenig mit Weiß und Wasser gemischt, damit man so eine etwas zurückgenommene farbliche Zwischenebene bekommt.

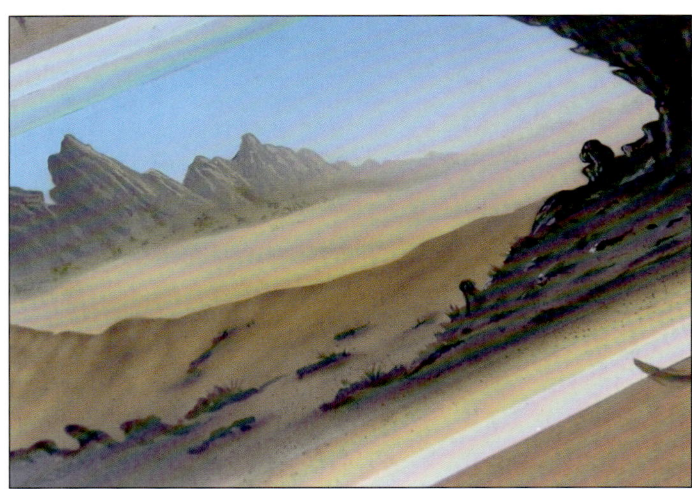

15 Felsebene im Vordergrund

Final male ich dann noch mit einem Pinsel und sattem Schwarz eine felsige Ebene in den Vordergrund, um noch mehr Tiefenwirkung zu bekommen.

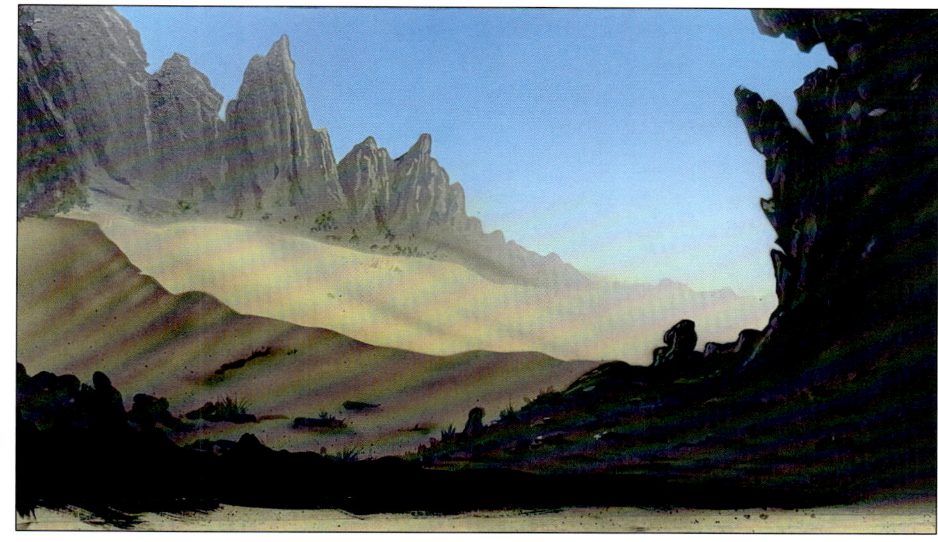

16 Raumschiff-Silhouette

Ist alles getrocknet, schneide ich die Konturen meiner Raumschiffe aus, um diese als Nächstes ins Motiv einzuarbeiten. Ich starte mit dem größeren Raumschiff in der Mitte und sprühe es mit Schwarz aus, so dass der Hintergrund komplett überdeckt ist. Parallel neble ich auch etwas Farbe auf die Schablone des kleinen Raumschiffs, was etwas weiter oben entlang fliegt.

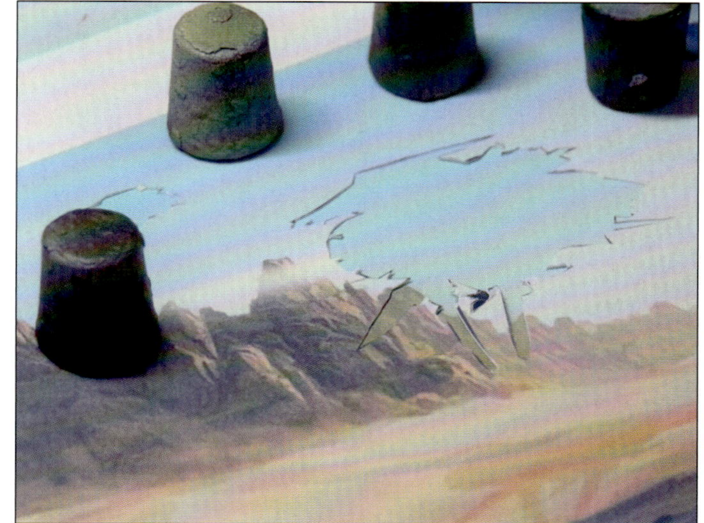

17 Raumschiff-Details

Mit einer Pocket GrafX Schablone bekommt mein Raumschiff Struktur und technische Kanten, um die Formgebung anzudeuten. Ich starte mit einem deckenden Orange und sprühe Lichtkanten ein. Das Meiste macht die Außenform, aber trotzdem soll dieser Sci-Fi-Charakter des Raumschiffs hier etwas visualisiert werden. Ich orientiere mich dabei an Flugzeugen und Düsenjets. Demzufolge gibt es wilde Tragflächen und einen vorderen und hinteren Bereich. Der hintere Bereich bekommt eine dunkle Rundung für das Triebwerk. Ich sprühe an einigen Bereichen auch mit einem deckenden Blauton, um einen zusätzlichen technischen, metallischen Charakter hineinzubringen.

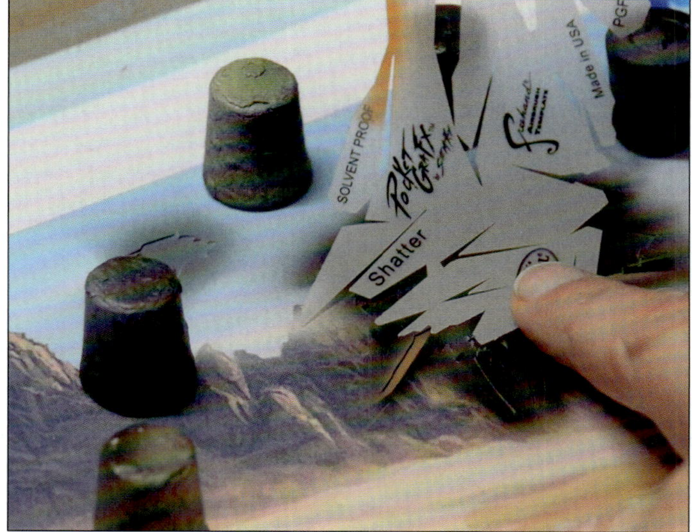

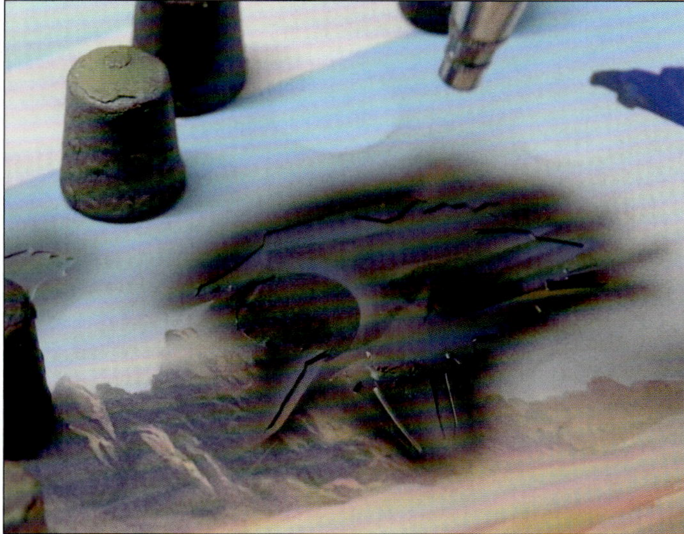

18 Lichter

Mit einem Pinsel ergänze ich kleine Lichtpunkte im Raumschiff. Das Triebwerk erinnert schon an ein Düsenjettriebwerk. Dort male ich mit deckendem Weiß ein leuchtendes Oval. Danach füge ich weitere Linien und Strukturen freihand ein. Dabei nutze ich Weiß und Schwarz abwechselnd. Ein transparentes Gelb-Orange nutze ich, um das leuchtende weiße Oval einzufärben, dann folgt etwas Rot im oberen Bereich, damit ich ein Glühen angedeutet bekomme.

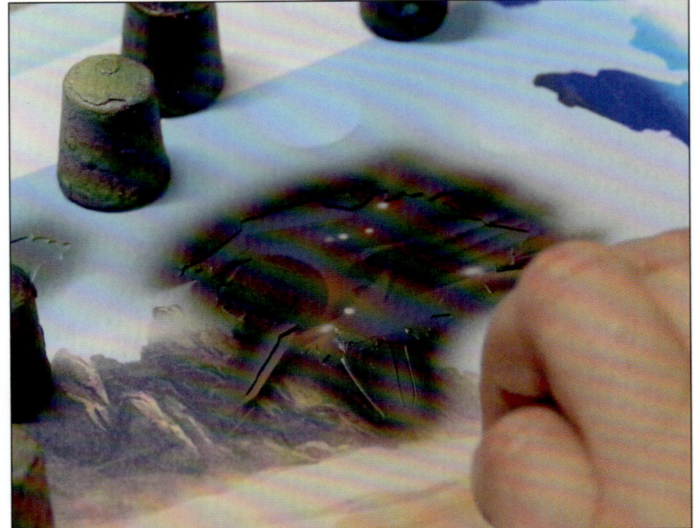

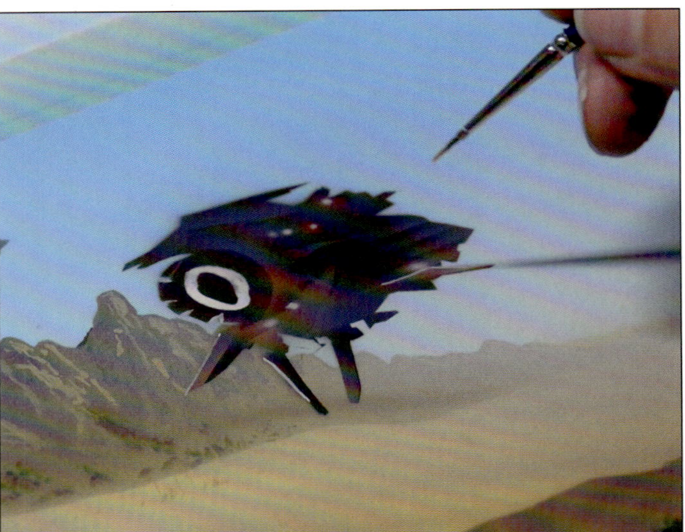

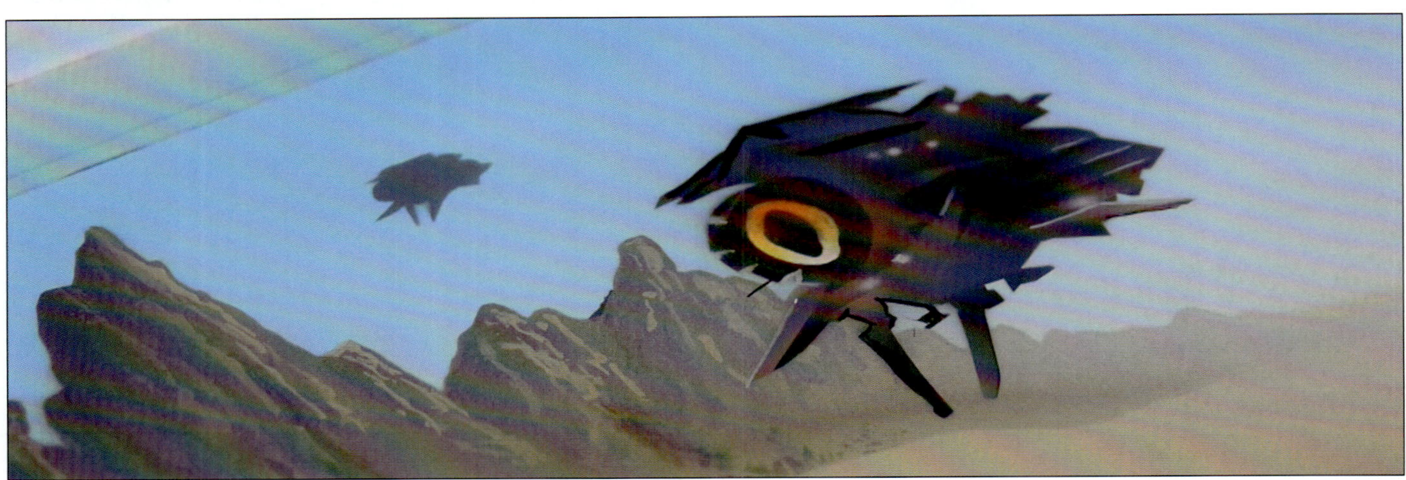

19 Düsenantrieb

Anschließend mache ich mein Airbrush-Gerät gut sauber und sprühe mit deckendem Weiß einen Lichtpunkt in die Mitte des Triebwerks. Von dort aus sprühe ich dann einen farblich auslaufenden Strahl heraus, um den Raumschiffantrieb zu komplettieren.

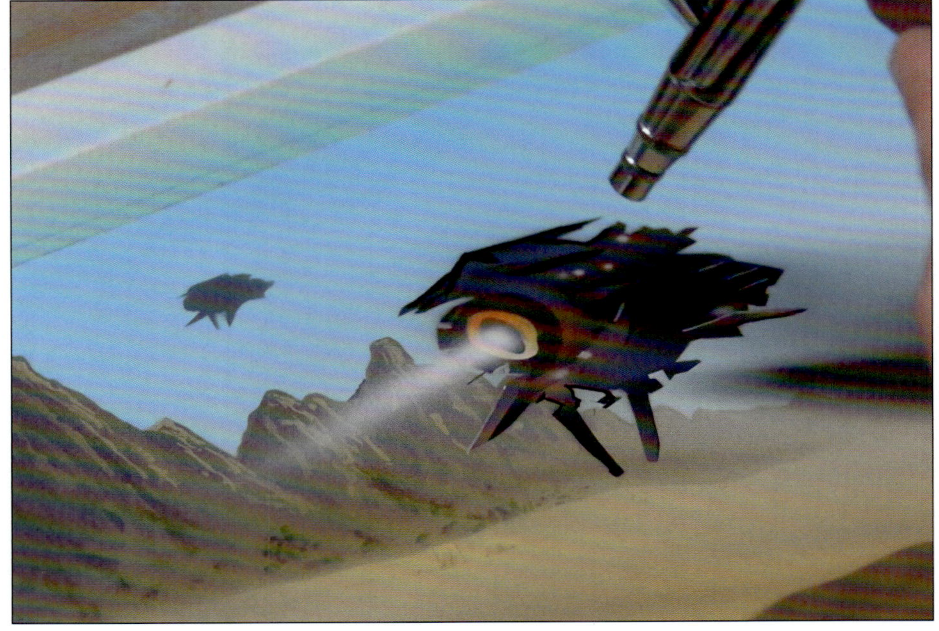

20 Kleines Raumschiff

Zum Schluss bekommt noch das kleine Raumschiff mit einem feinen Pinsel ein paar Linien und Detailandeutungen. Einen Triebwerksstrahl sprühe ich ebenfalls mit Weiß ein.

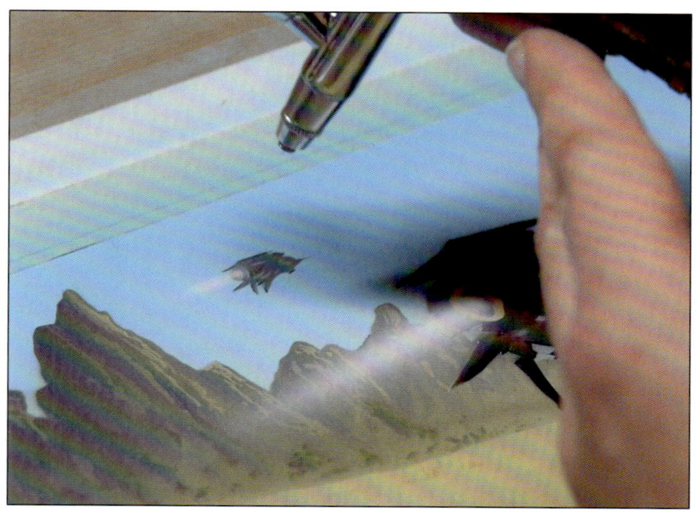

21 Letzter Schatten

Mit einem Schatten unterhalb des großen Raumschiffs, für den ich wieder eine lose Schablone nutze, deute ich den Abstand zur Sanddüne an. So wirkt es noch etwas räumlicher. Ein leichter Sprühstrahl mit verdünntem Umbra reicht da schon aus, um dem Motiv zum Abschluss den letzten Schliff zu geben.

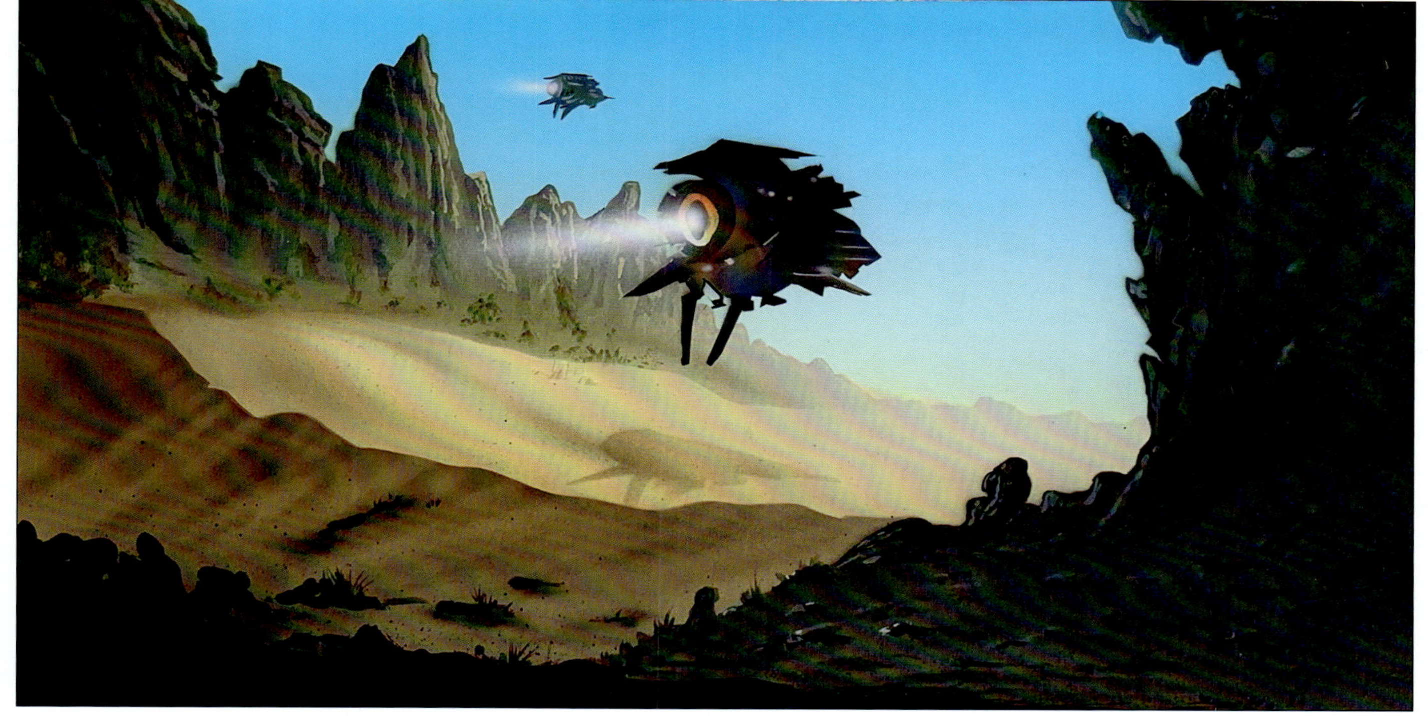

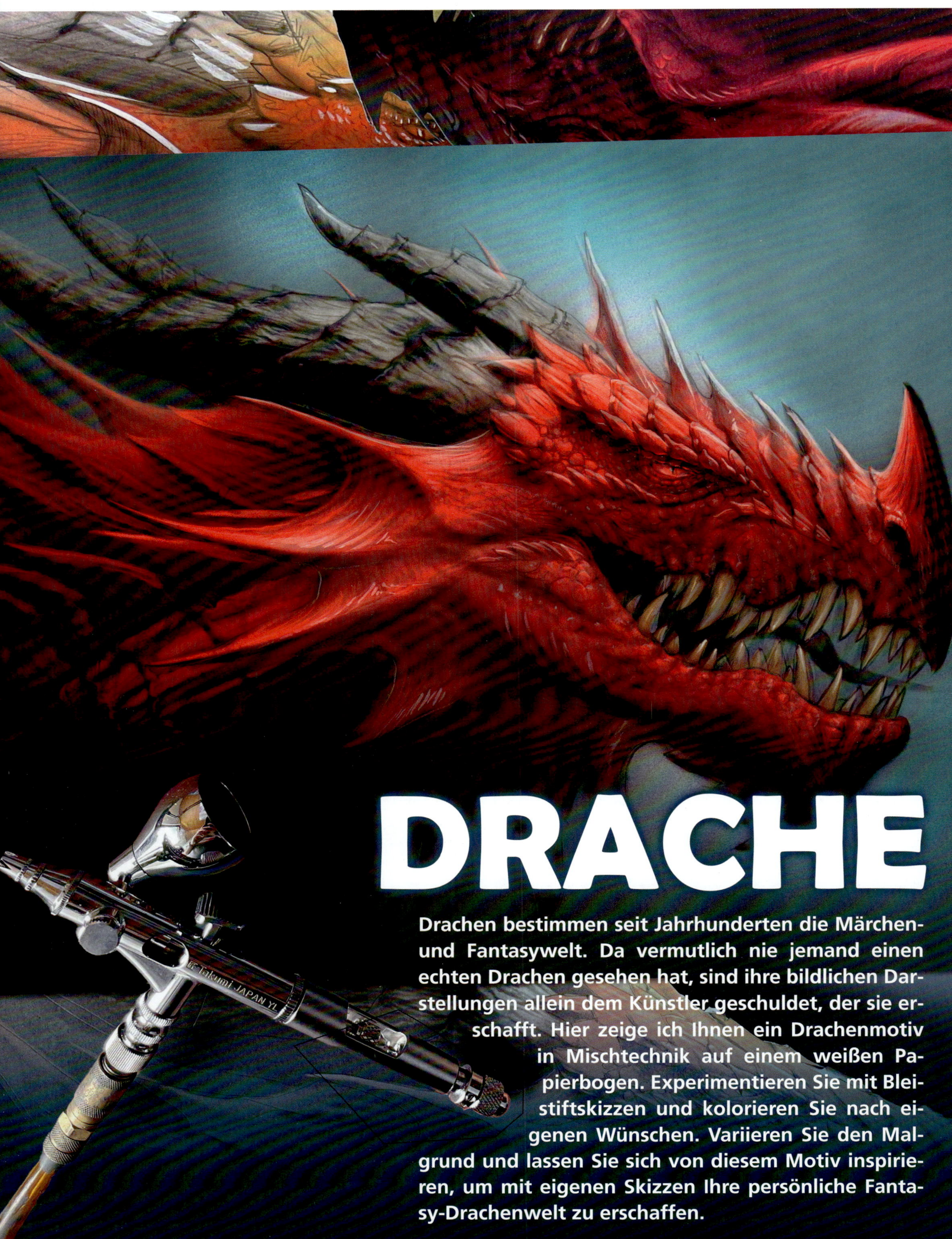

DRACHE

Drachen bestimmen seit Jahrhunderten die Märchen- und Fantasywelt. Da vermutlich nie jemand einen echten Drachen gesehen hat, sind ihre bildlichen Darstellungen allein dem Künstler geschuldet, der sie erschafft. Hier zeige ich Ihnen ein Drachenmotiv in Mischtechnik auf einem weißen Papierbogen. Experimentieren Sie mit Bleistiftskizzen und kolorieren Sie nach eigenen Wünschen. Variieren Sie den Malgrund und lassen Sie sich von diesem Motiv inspirieren, um mit eigenen Skizzen Ihre persönliche Fantasy-Drachenwelt zu erschaffen.

GRUNDAUSSTATTUNG – Drache

Airbrush: Double Action Airbrush mit 0,15 - 0,2 mm Düse

Farben: M-ART-IN Acryl: Schwarz, Weiß, Karminrot, Mahagoni, Ozeanblau, Gelb

Untergrund: Mixed Paper Block Weiß 220 GSM

Zubehör: ASBS Drachen Stencil Sets oder eine ähnliche Kurven- und Texturschablone, feiner Pinsel, Mischpalette, Skalpell

01 Skizze übertragen

Nutzen Sie Ihre eigene Drachenskizze oder das vorgegebene Übungsmotiv. Schraffieren Sie die Rückseite der Motivvorlage mit einem 5B-Bleistift. Fixieren Sie dann die Vorlage mit dem Motiv nach oben auf dem Malgrund und übertragen Sie mit einem 4H-Bleistift die Konturen des Drachen.

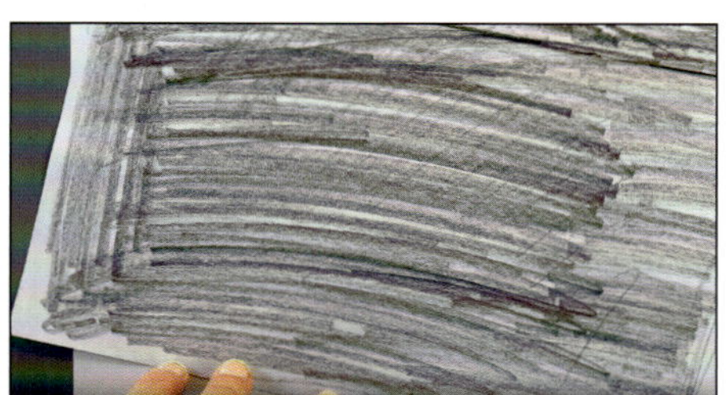

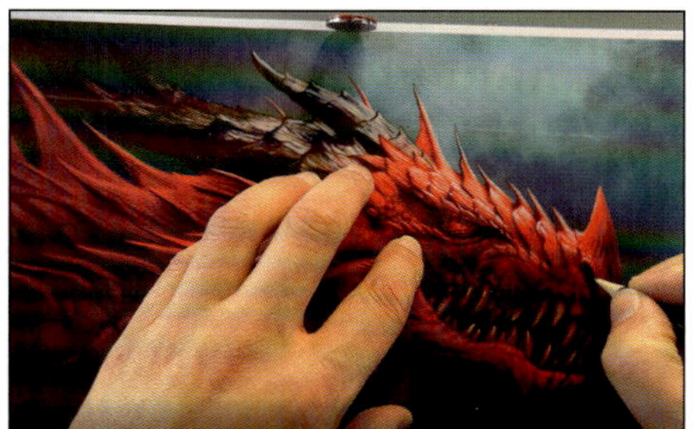

02 Skizze ausarbeiten

Als Untermalung für Ihr Drachenmotiv arbeiten Sie die Skizze mit weiteren Details, Schattierungen und Schraffuren aus. Legen Sie Details und Formen fest, malen Sie schon Schattierungen mit dem Bleistift ein. Nutzen Sie einen weichen Bleistift für dunklere Kanten oder legen Sie mit einem härteren Bleistift Schraffuren für Schatten fest. Die Bleistiftillustration darf gerne später durchschimmern und dient als Basis. Bestimmen Sie in den nachfolgenden Schritten selber, welchen Anteil die Airbrush und die Airbrush-Farben haben. In diesem Schritt haben Sie auch die Möglichkeit, sich auszutoben und weitere Details am Drachen hinzuzufügen, Formänderungen vorzunehmen oder etwas wegzulassen.

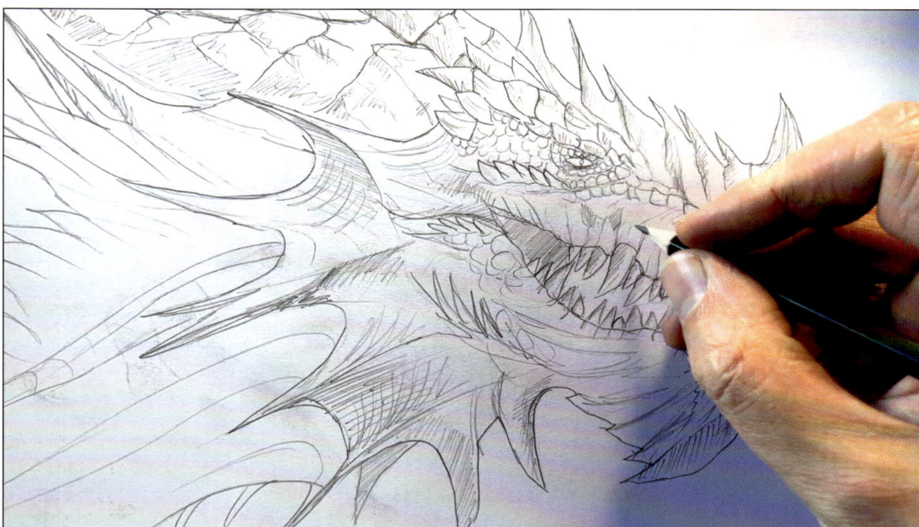

03 Die Schwarz-Weiß-Untermalung

Mit schwarzer Airbrush-Farbe wird nun der Drachenkopf ausgearbeitet. Schattenbereiche werden mit Schwarz vorgelegt, Lichtkanten werden hell ausgelassen. Um die Kanten der Hörner und Stacheln scharfkantig zu halten, nutzen Sie die Schablone des ASBS Drachen Stencil Sets (www.newart-shop.de) oder eine ähnliche Kurven- und Texturschablone.

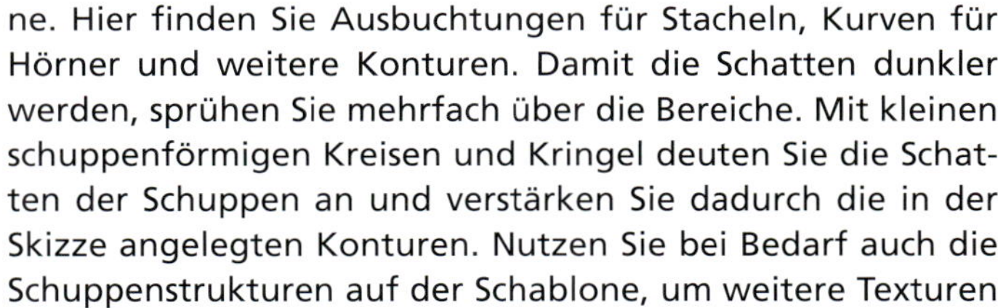

Hier finden Sie Ausbuchtungen für Stacheln, Kurven für Hörner und weitere Konturen. Damit die Schatten dunkler werden, sprühen Sie mehrfach über die Bereiche. Mit kleinen schuppenförmigen Kreisen und Kringel deuten Sie die Schatten der Schuppen an und verstärken Sie dadurch die in der Skizze angelegten Konturen. Nutzen Sie bei Bedarf auch die Schuppenstrukturen auf der Schablone, um weitere Texturen

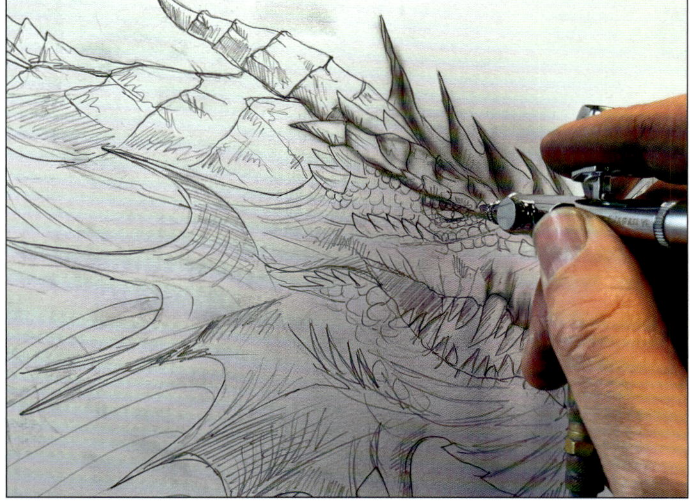

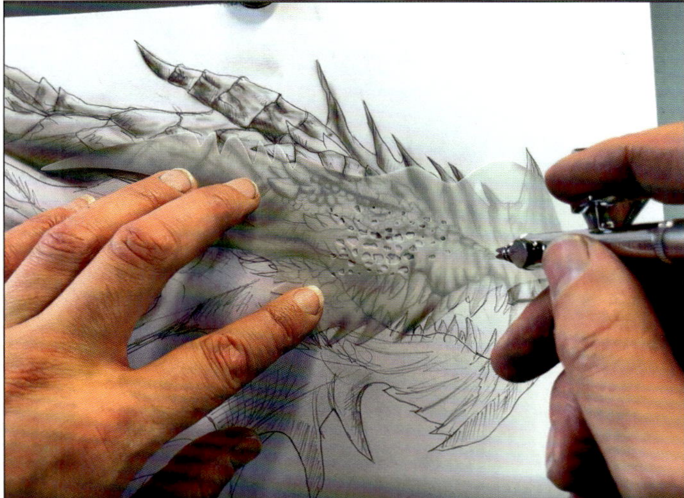

der Drachenhaut anzudeuten. Machen Sie noch nicht alles zu dunkel, damit die nachfolgenden Farben noch ausreichend Helligkeit haben, um sichtbar zu werden. Konturieren Sie die Maulöffnung und deuten Sie die Zahnhälse an. Die Schuppen um das Auge herum werden ebenfalls mit kleinen Kringeln umfahren, damit hier eine realistische Optik entsteht.

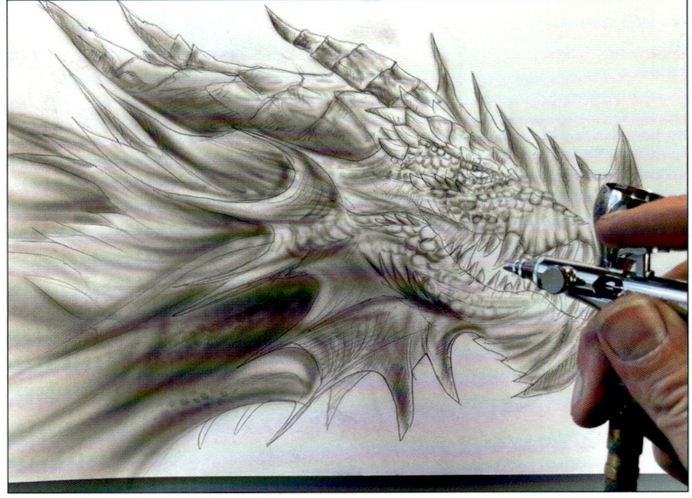

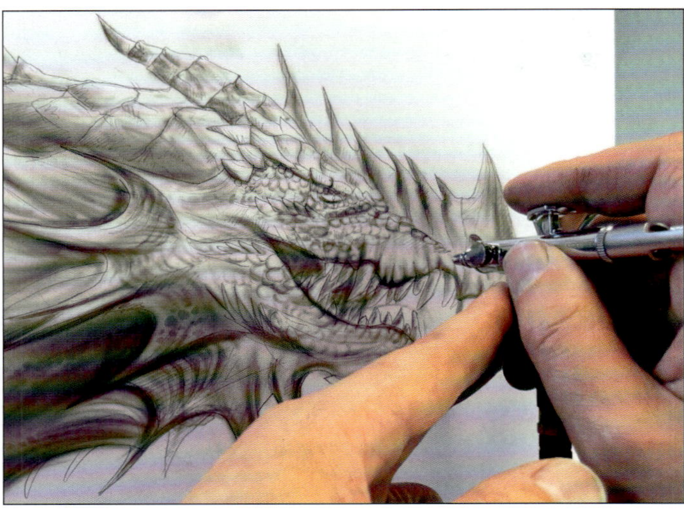

04 Einfärben des Drachens

Weiter geht's mit der Kolorierung des Drachenkopfes. Mit einer Mischung aus Karminrot und Gelb wird der Kopfbereich eingefärbt. Aufgrund der Transparenz der Farbe bleibt die Schwarz-Weiß-Untermalung bestehen. Die großen Hörner werden mit Mahagoni eingefärbt und die Zähne bekommen ihre Farbigkeit mit einer Mischung aus Mahagoni und Gelb. Setzen Sie bei Bedarf auch hier ebenfalls die Freihand-Drachenschablone ein. Verstärken Sie anschließend mit Schwarz die Konturen und dunkeln Sie ggf. die Schatten weiter ab. Das Maul und die Zunge wird in diesem Schritt ebenfalls abgedunkelt und angelegt. Mit Weiß und einem feinen Pinsel deuten Sie erste Lichter und weitere Strukturen auf den Schuppen und Hörnern an. Verstärken Sie bei Bedarf die Farbigkeit des Drachenkopfes durch zusätzliche Schichten von Karminrot oder anderen Rotmischungen.

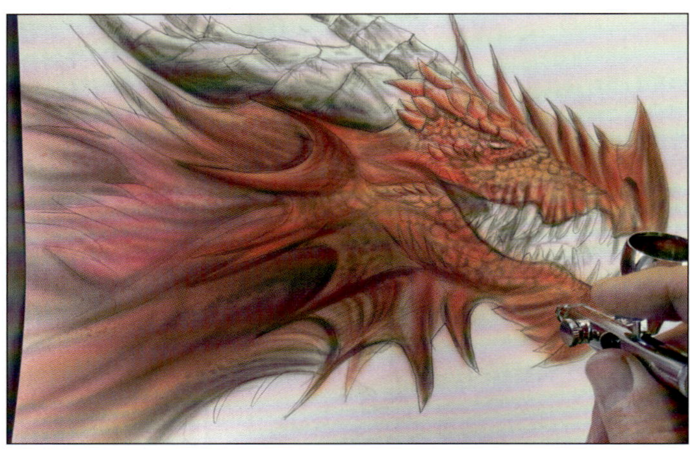

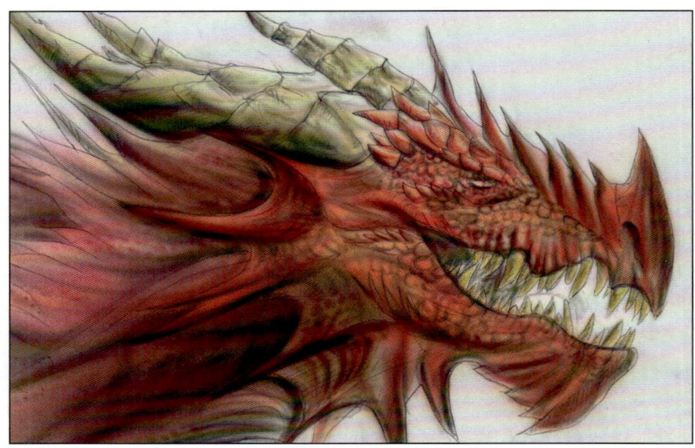

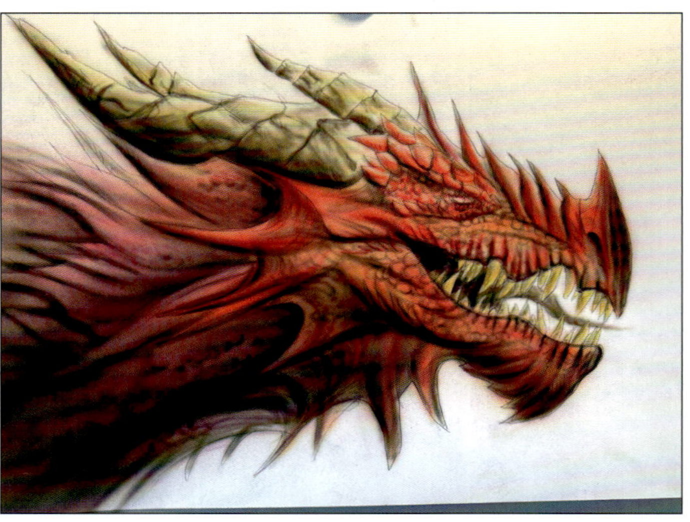

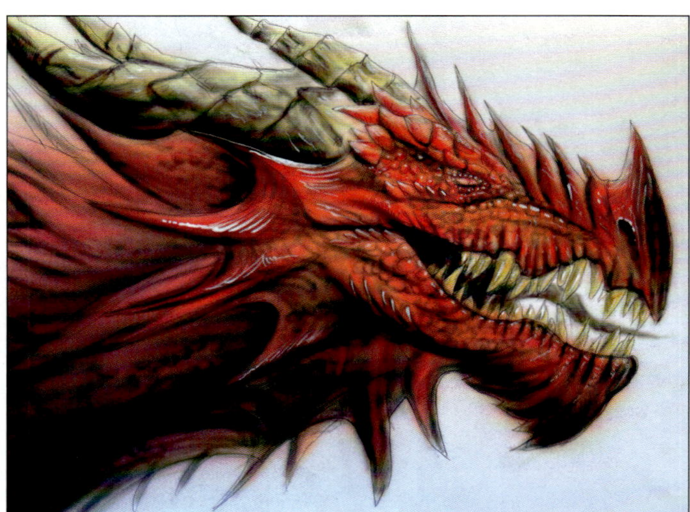

05 Hintergrund

Schneiden Sie aus der Vorlage den kompletten Kopf aus und nutzen Sie diesen als Schablone. Alternativ können Sie auch freihand den Hintergrund anlegen. Sprühen Sie als Erstes mit Ozeanblau von außen nach innen etwas wolkig die Farbe auf. Mit Weiß können hellere Hintergrundbereiche ausgearbeitet werden und mit Schwarz sprühen Sie an den Ecken noch eine Vignettierung auf.

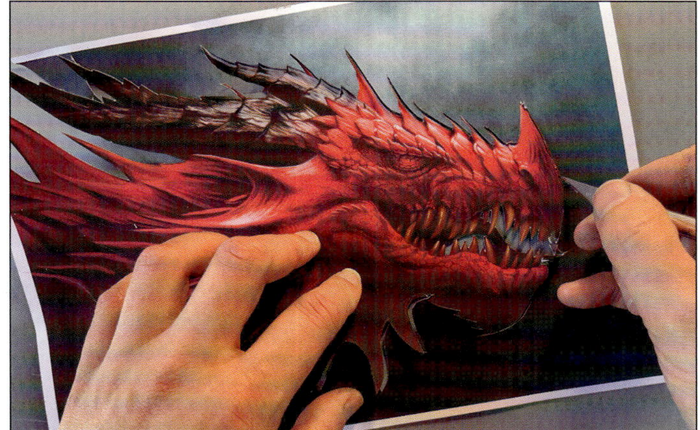

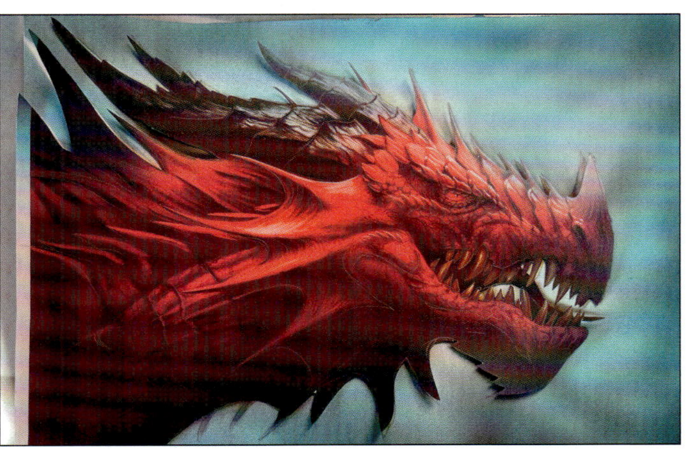

06 Weitere Details

Verstärken Sie die Konturen mit Schwarz und der Drachenschablone. Sprühen Sie weitere Farben zur Verstärkung der allgemeinen Farbigkeit auf. Mit Weiß setzen Sie weitere Lichtpunkte am Auge, den Zähnen, Stacheln, Hörnern und Schuppen.

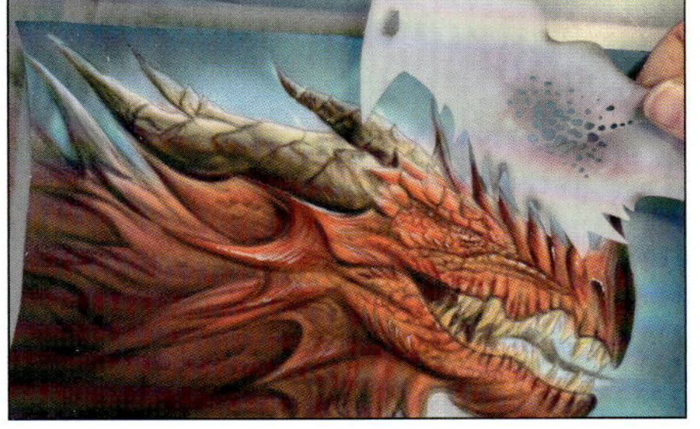

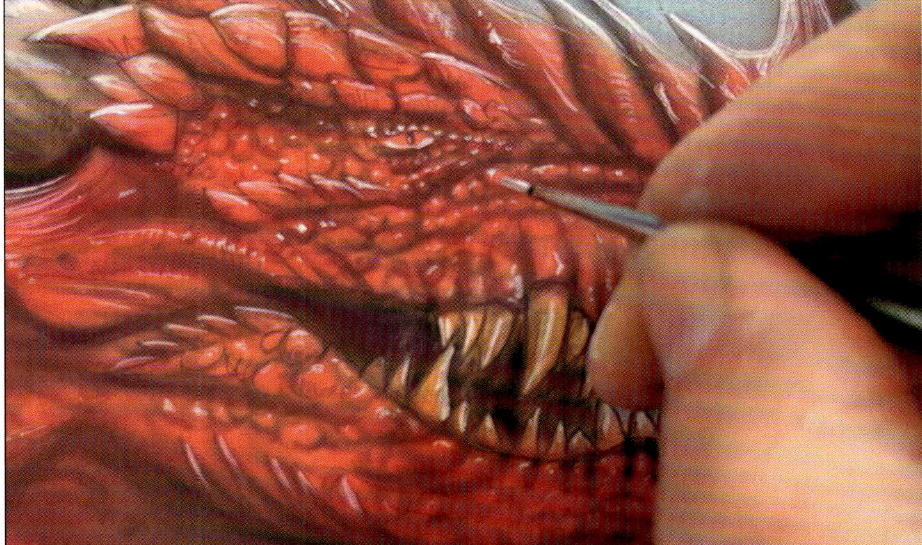

07 Finale Schritte

Passen Sie zum Schluss die Konturen an die Hintergrundfarbigkeit nochmal an. Verstärken Sie die Konturen der Schuppen und lassen Sie den Hals dunkel auslaufen. Übernebeln Sie mit einer Mischung aus Karminrot und Gelb bei Bedarf nochmal den Kopf. Die zuvor aufgemalten Highlights werden dadurch eingefärbt und eingebettet. Malen Sie mit einem Pinsel und Weiß finale Highlights auf. Nutzen Sie die Bleistifte in verschiedenen Härtegraden, um die Konturen z.B. an den Zähnen zu verdeutlichen.

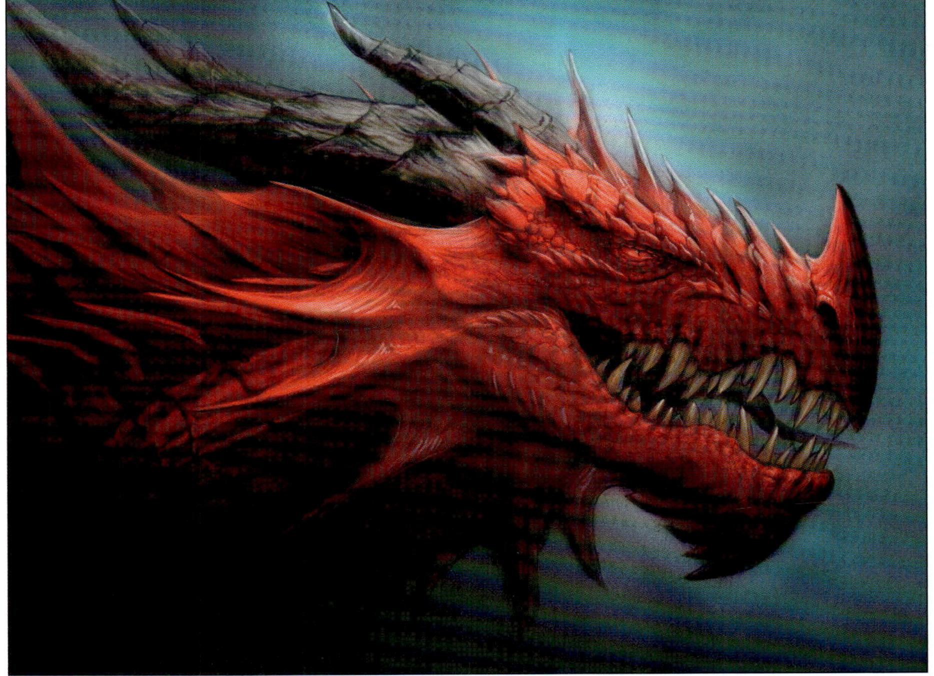

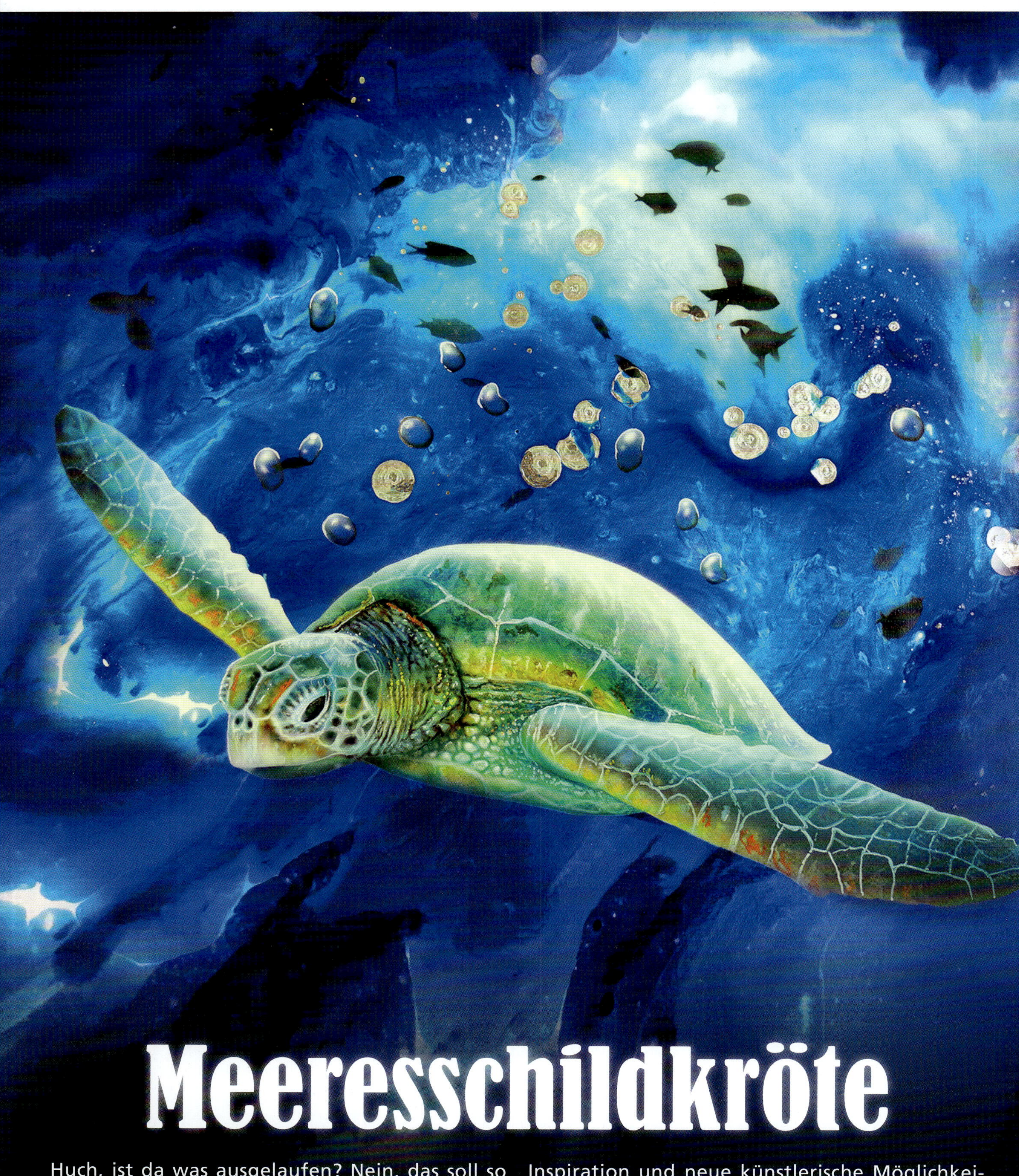

Meeresschildkröte

Huch, ist da was ausgelaufen? Nein, das soll so sein – das heißt Pouring. Das kunstvolle Verschütten von Farben freut aufgrund des hohen Materialverbrauchs nicht nur die Farbhersteller, sondern bietet auch dem kreativen Künstler viel Inspiration und neue künstlerische Möglichkeiten. Im Falle dieses blauen Ergebnisses gab es kaum eine andere Wahl, als hier eine Unterwasserszenerie zu gestalten.

GRUNDAUSSTATTUNG – Meeresschildkröte

Airbrush: 0,2 mm Double Action Airbrush

Farben: Createx Wicked Blau, Wicked Weiß, Wicked Hellblau, pro-color Weiß, Zitrusgelb, Feuerrot, Eisblau, Umbra, Schwarz, Molotow Liquide Chrome, Createx transparentes Medium

Untergrund: Leinwand

Weitere Materialien: Bremsenreiniger, Gewichte, Silikonspray, Pinsel Größe 0, Mischbecher, Handschuhe, Pappkartons, Müllbeutel, Fön, Heißluftfön

01 Pouring Prozess

Da für das Motiv zuerst die Leinwand in der Pouring-Technik (Farbgießtechnik) entstanden ist und dann darauf basierend das Motiv, seine Größe und seine Position ausgewählt wurde, werde ich in den kommenden Schritten den generellen Prozess für diesen Hintergrund noch einmal anhand eines ähnlichen Backgrounds beschreiben.

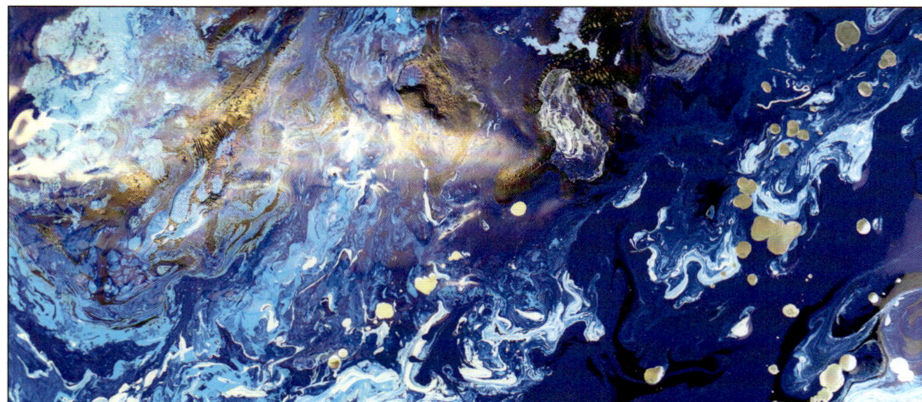

02 Vorbereitungen für Pouring

Ich nutze einen großen alten Karton, der mir als Auffangbehälter für die herunterlaufende Farbe dient. Den habe ich auf eine Höhe von ca. 15 cm runter geschnitten und mit einer großen Plastikmülltüte ausgelegt. In die Mulde kommt ein kleinerer Karton, auf dem dann die Leinwand so positioniert wird, dass die überschüssige Farbe direkt im Auffangbehälter landet.

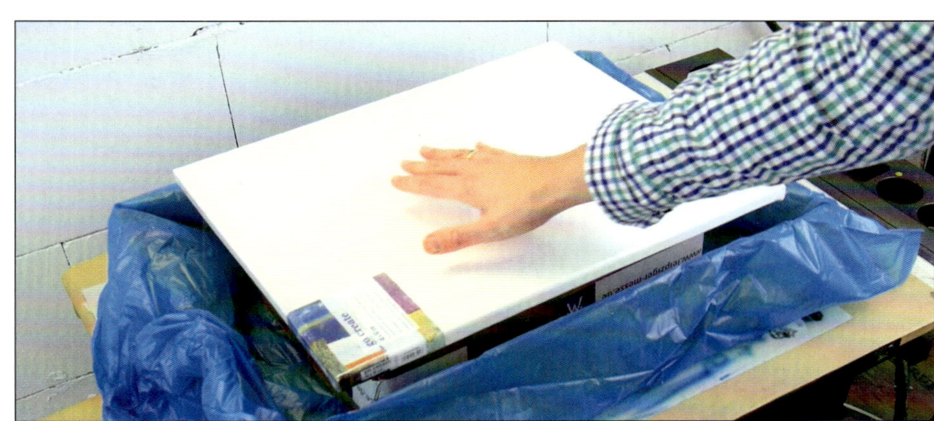

03 Farben auswählen

Jetzt müssen nur noch die Farben vorbereitet werden, bevor der spaßige Prozess beginnt. Ich mische verschiedene Blauabstufungen und Farbtöne. Also helle und dunkle Blautöne. Als Farben verwende ich Createx Wicked in Kombination mit Reducer. Alles muss gut verrührt werden, um eine gute flüssige Konsistenz zu erhalten. Wichtig ist auch Weiß. Hier nehme ich eine günstige Acrylfarbe oder ebenfalls Createx Wicked Weiß, gerne auch in Kombination mit dem transparenten Medium von Createx. Normalerweise kommen für den Pouring Prozess noch Silikon und Floetrol dazu. Ich habe es hier mit Bremsenreiniger und WD40-Spray probiert. Ich habe jeweils ein wenig in die Farbe gesprüht und dann umgerührt. Idealerweise kommt es dann zu effektvollen zusätzlichen Strukturen.

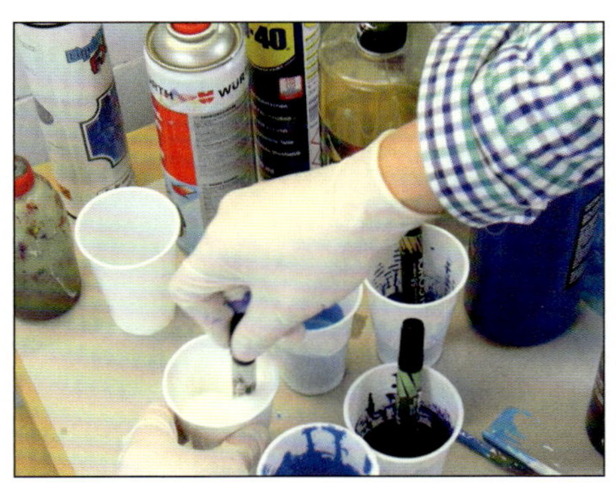

04 Der Gießprozess

Ich gieße die Farben jetzt hintereinander auf die Leinwand. Erst die hellen Farbtöne, gefolgt von den dunklen und zum Schluss das Weiß in die Lücken, die entstanden sind. Ist alles mit Farbe benetzt, können diese durch Kippen der Leinwand ineinanderlaufen und positioniert werden.

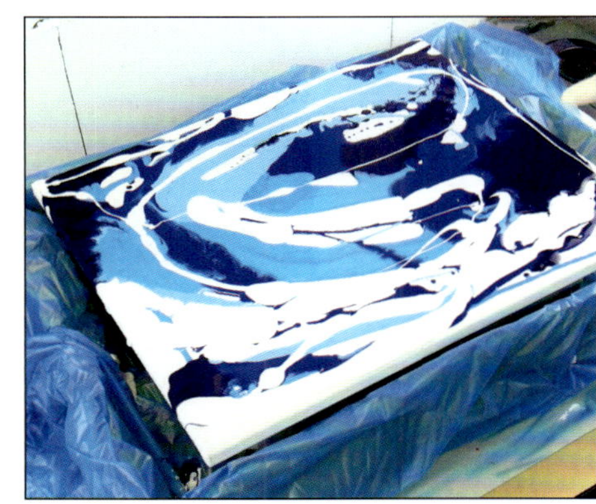

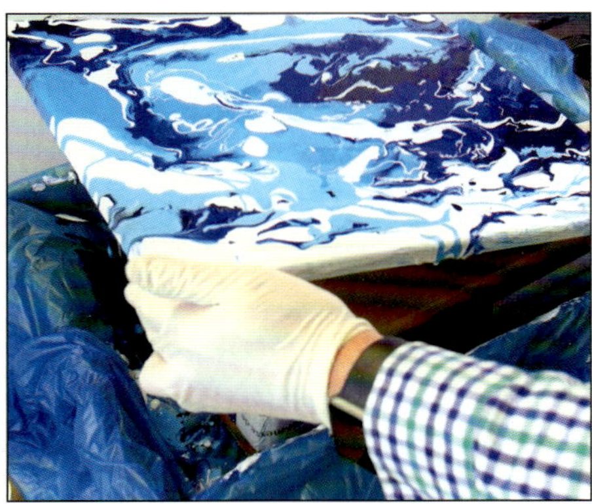

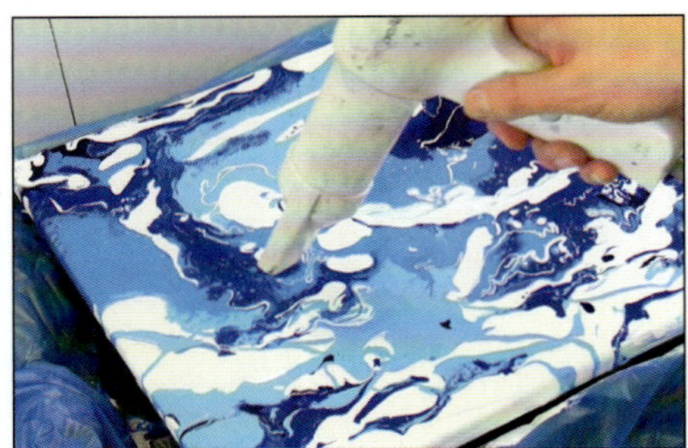

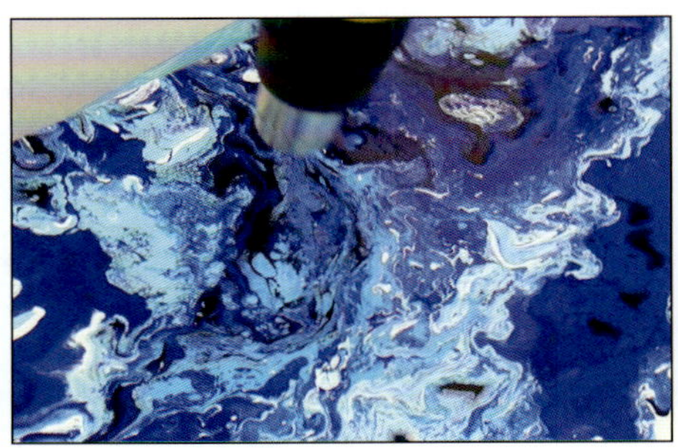

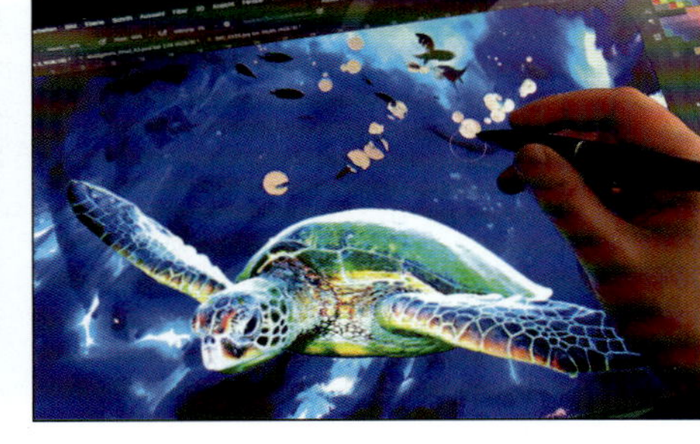

05 Fönen

Ein Fön löst zusätzliche Farbeffekte aus und ermöglicht weiteres Ineinanderfließen der Farben. Auch mit der Hand kann man direkt die Farben noch verteilen und vor allem die Ränder der Leinwand benetzen. In diesem Prozess kann man auch noch weitere Farben draufgießen, um weitere Farbflächen zu erhalten. Zum Schluss setze ich für weitere Effekte einen Heißluftfön (550 Grad) ein. Danach kann das Bild noch eine Weile ruhig liegen und 1-2 Tage durchtrocknen.

06 Motiv digital vorbereiten

Nachdem die Leinwand vorbereitet wurde und sie ihre fließende Struktur bekommen hat, habe ich diese fotografiert. In Photoshop habe ich dann aus verschiedenen Bildelementen eine passende Schildkröte erarbeitet, um so zu einer hervorragenden Vorlage zu gelangen.

07 Schablonen herstellen

Ich habe die Vorlage dann maßstabsgetreu ausgedruckt, um daraus eine lose Schablone zu erzeugen. Zuerst wird die Kontur ausgeschnitten. Des Weiteren schneide ich die Flossen links und rechts als Schablonenelement heraus. Und ich trenne auch schon das Kopfelement vom Panzer. Wo ich schon gerade beim Schneiden bin, schneide ich noch die wichtigen großen Schuppen aus dem Kopfelement heraus, die mir später beim Malen des Kopfes behilflich sind.

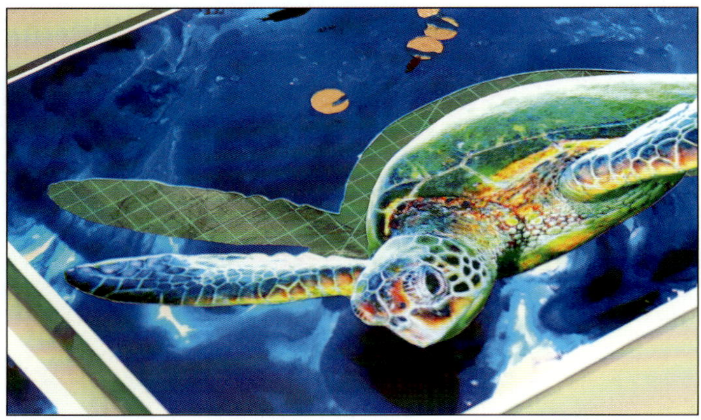

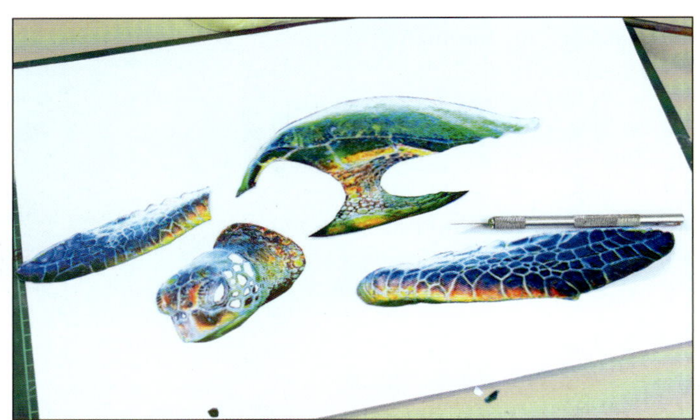

08 Grundierung der Schildkröte

Die Außenschablone wird nun auf der Leinwand positioniert und mit Klebeband fixiert. Die Ränder klebe ich vorsichtshalber mit Kopierpapier zu. Kleine Gewichte helfen beim weiteren Fixieren der Schablone und der vier inneren Schablonenelemente. Mit deckendem Weiß sprühe ich als Erstes die hellen Stellen und Farbverläufe in der Meeresschildkröte auf. Dies dient als Grundierung für die kommenden Farben und als erste Formgebung. Dabei schau ich auf meine ausgedruckte Vorlage und prüfe, wo die hellsten Stellen sind. Ich sprühe also vor allem an den äußeren Kanten der Flossen und am Panzer Farbverläufe auf. Die Schablonen für die Flossen, Panzer und Kopf nutze ich gleich zur Visualisierung und Positionierung der Proportionen. So dient mir die linke Flossenschablone zur Abgrenzung des Kopfes und der Körper zur genauen Positionierung der rechten Flosse.

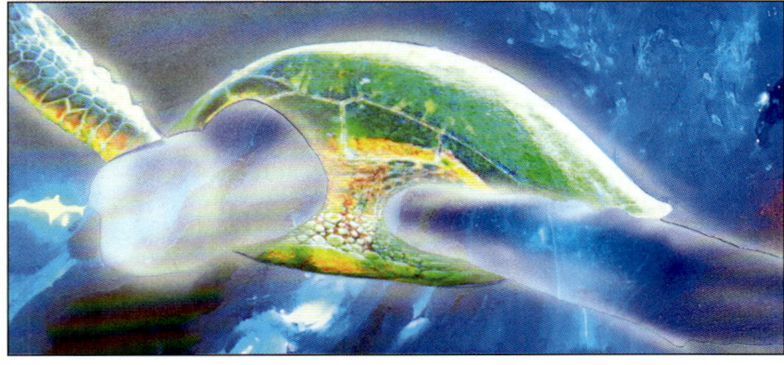

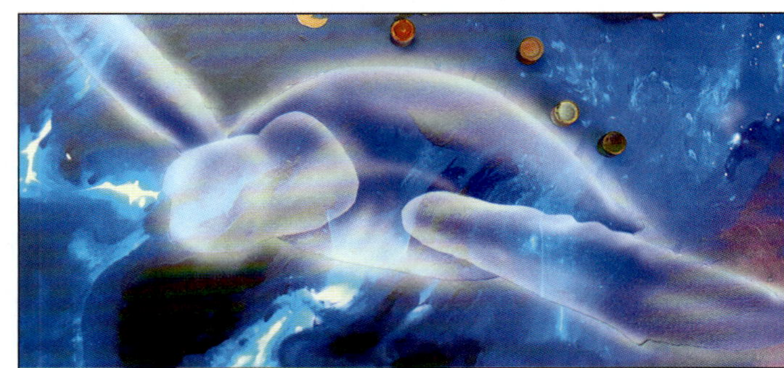

09 Linke Flosse

Zur Begrenzung der Flossenform positioniere ich die Kopfschablone der Schildkröte. Als Erstes sprühe ich mit einem Hellblau-Farbgemisch aus Weiß und Eisblau in der Mitte der Schablone. Zur linken Kante der Flosse hin sprühe ich Eisblau hinzu. Dann noch mit etwas Schwarz die Kante links und unten ein wenig schattieren. Mit Gelb und Orange wird die untere Flossenkante farbig und mit deckendem Weiß helle ich die Lichtkante der Flosse rechts nochmal auf.

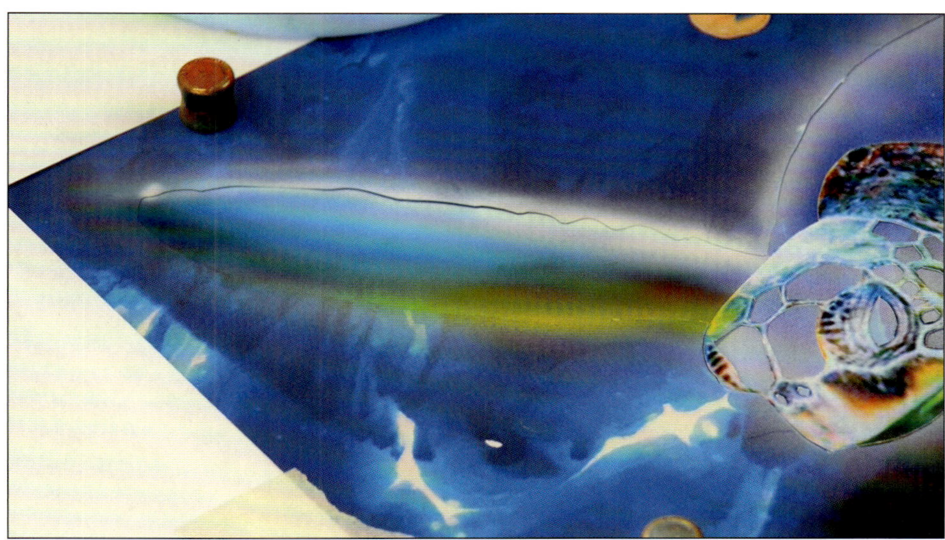

10 Finish linke Flosse

Dann geht es mit einem feinen Pinsel weiter. Ich mische deckendes Weiß mit ein wenig Wasser und male die für das Motiv typischen hellen Schuppenkonturen auf. Dabei orientiere ich mich an meiner Vorlage. Mit der breiten Seite des Pinsels tupfe ich zusätzlich Strukturen auf. Die Strukturen werden dann mit deckendem Weiß etwas übernebelt und weicher gemacht. Die gesamte Flosse wird nun nochmal mit Farben übernebelt, so dass die Strukturen eingebettet sind. Hier nutze ich Gelb und Orange an der leuchtenden linken Flossenkante, transparentes Blau in der Mitte und für Schattierungen bei einzelnen Schuppen. Mit einem Blau-Schwarz-Wasser-Gemisch dunkle ich z.B. oben links an der Flosse noch ein paar Partien ab. Zum Schluss werden mit dem Pinsel und Weiß die Schuppenkonturen nochmal überarbeitet und mit der Airbrush etwas weicher gesprüht.

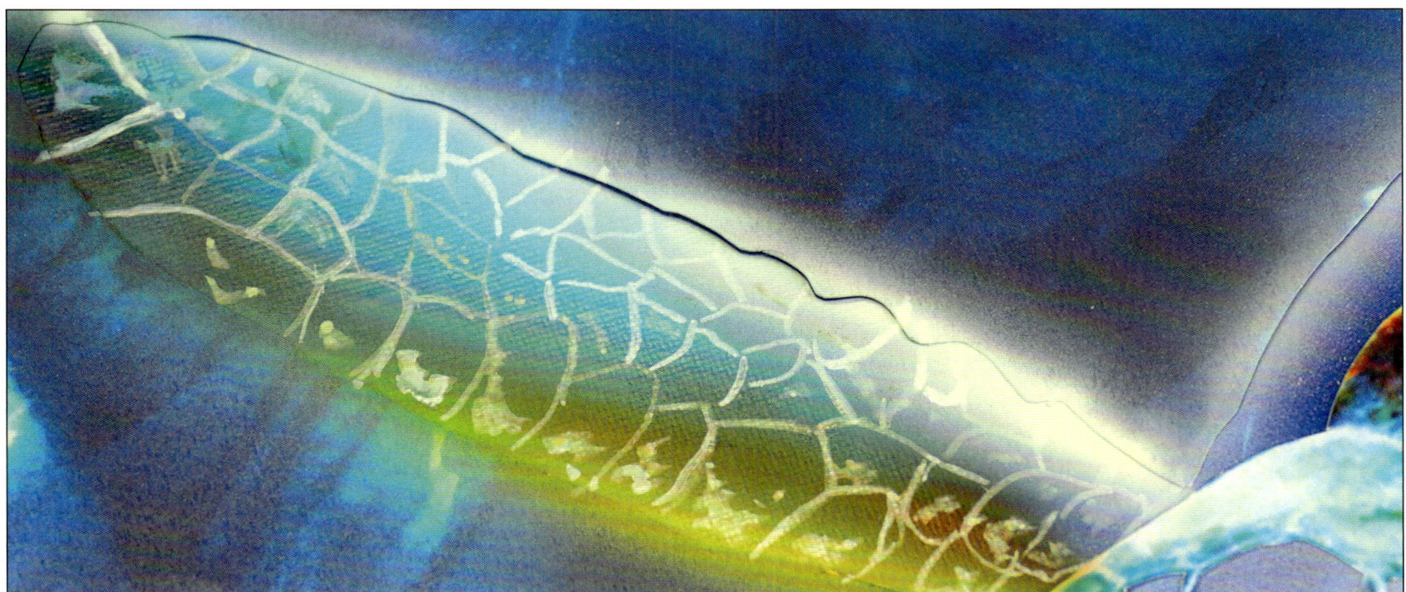

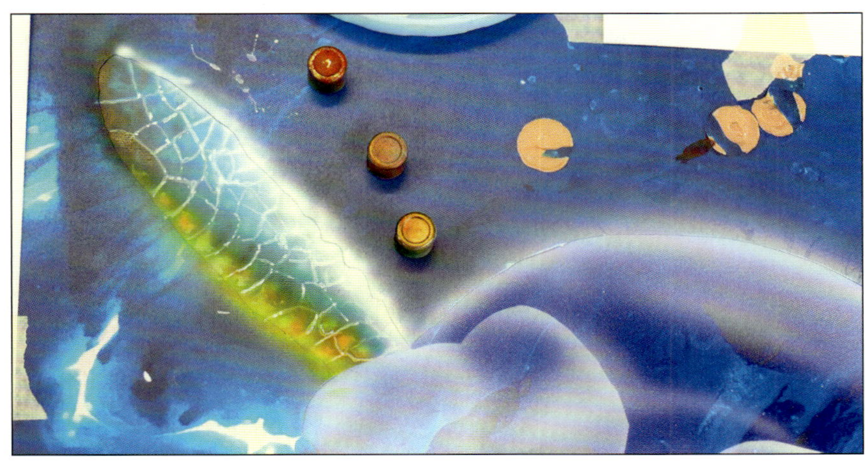

11 Rechte Flosse

Weiter geht es mit der rechten Flosse. Hier ist es notwendig, die Flosse zu maskieren, daher lege ich die Schablone für den Körper-Panzer auf und fixiere diese mit ein paar kleinen Gewichten. Im Grunde gehe ich genauso vor wie bei der linken Flosse. Man kann auch beide Flossen im gleichen Prozess machen, das spart Zeit. Für diese Anleitung habe ich mich aber entschieden, die Bereiche einzeln zu machen und zu beschreiben. Also auch hier wieder mit Gelb und Orange an der unteren Flossenkante sprühen. Mit Blau- und Brauntönen dann die Schattierungen aufsprühen.

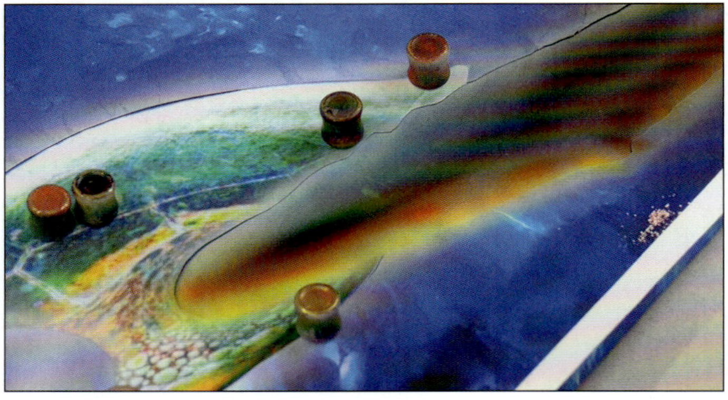

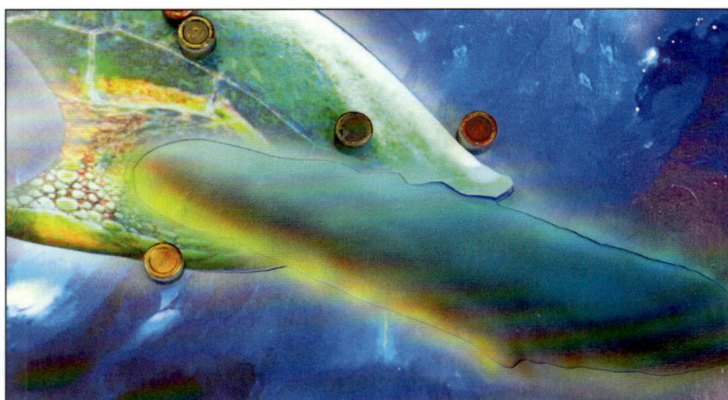

12 Finish rechte Flosse

Auch auf der rechten Flosse kann ebenfalls mit dem Pinsel nachgeholfen und die hellen Schuppenkonturen sowie zusätzliche Strukturen aufgemalt werden. Nach dem Pinseln wieder mit Airbrush etwas übernebeln, damit die Schuppenkonturen eingebettet sind.

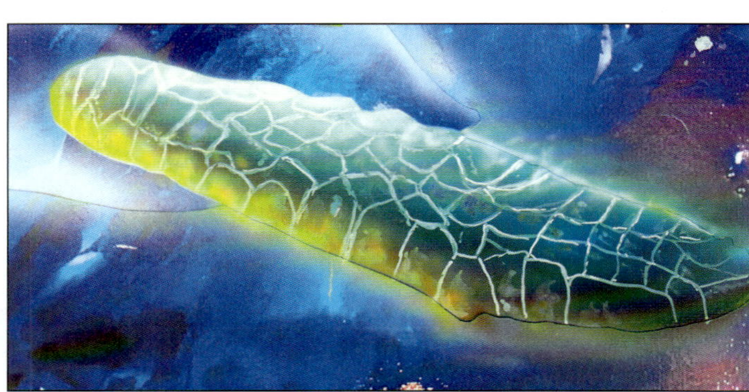

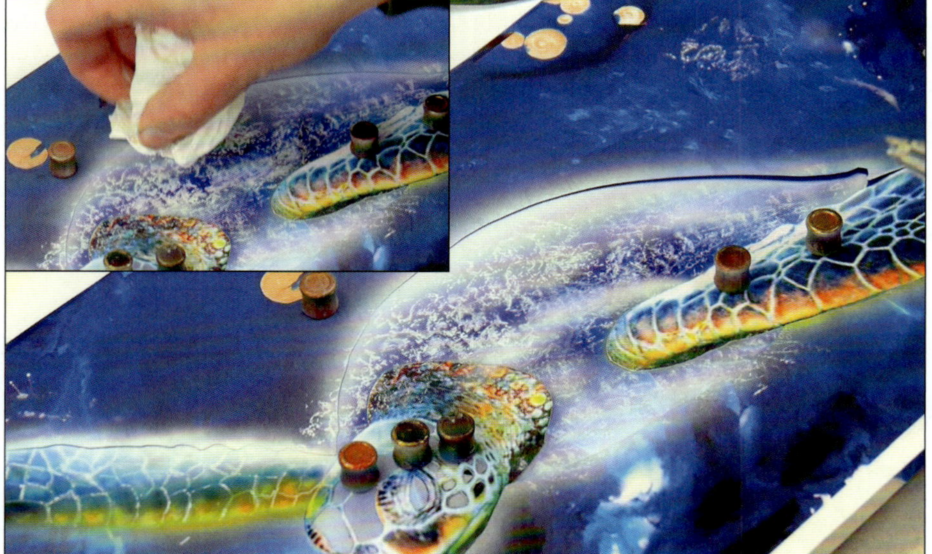

13 Panzer

Nun kümmere ich mich um den Schildkrötenpanzer. Nur dieser Bereich bleibt demaskiert und die Flossenelemente und die Kopfschablone sind positioniert. Ich verstärke die weiße Grundierung mit ein paar zusätzlichen Schichten Airbrush. Dann wechsele ich zur Tupftechnik und tupfe mit einem Papiertuch und deckendem Weiß Struktur auf den ganzen Panzer auf. Wieder mit dem Airbrushgerät übernebele ich am oberen und unteren Bereich des Panzers die getupften Flächen, um diese einzubetten und für den kommenden Farbauftrag vorzubereiten.

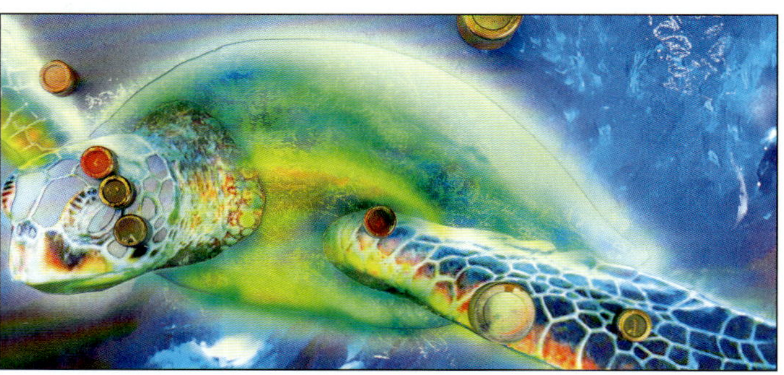

14 Farbschichten

Jetzt folgt eine Schicht helles Grün darüber, um dem Panzer eine Grundfarbigkeit zu geben. Immer vergleichend mit der Vorlage sprühe ich grob die weiteren Farbschichten und Verläufe auf. Im mittleren Panzerbereich sind das wieder Gelb- und Orangetöne und mit Blau ein paar Schattierungen unterhalb des Kopfes, am unteren Panzerbereich sowie um die rechte Flosse herum.

15 Schuppenstruktur

Wieder mit einem feinen Pinsel ausgerüstet male ich die großen Schuppenkonturen am oberen Panzerbereich auf. Mit wasserverdünntem Weiß tupfe ich mit der breiten Seite des Pinsels Strukturen hinzu. Ebenfalls mit dem Pinsel male ich auch alle Schuppen und Hautfalten im unteren Körperbereich mit transparentem Weiß auf. Ich übersprühe dann die Schuppen mit passenden Farben, die ich aus der Vorlage entnehmen kann. Mit Blau umkreise ich auch noch die ein oder andere Schuppe und sprühe auch zwischen den Hautfalten, um dem Konstrukt mehr Tiefe zu geben.

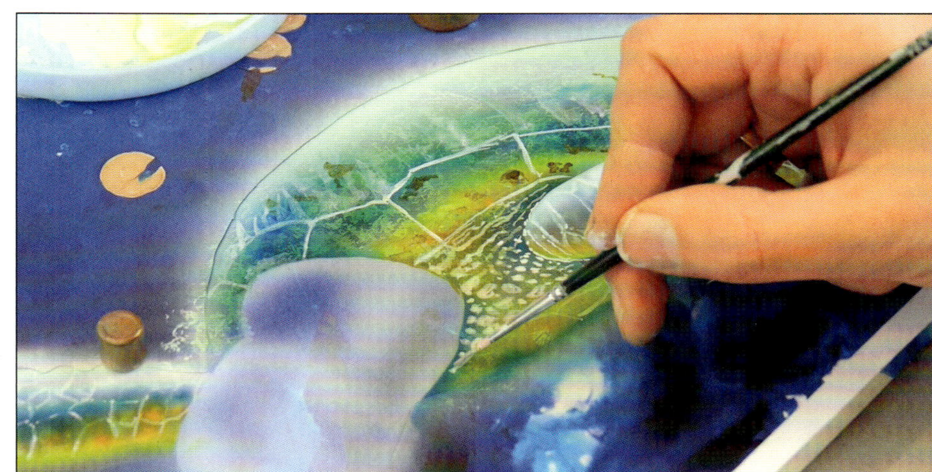

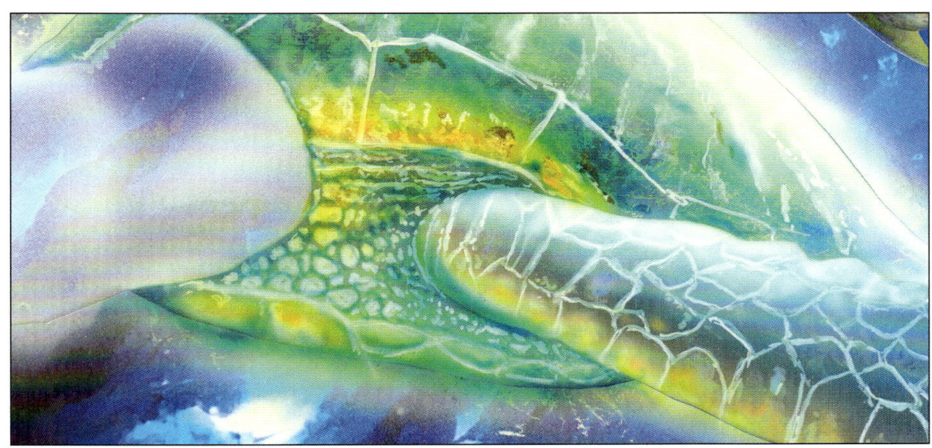

16 Kopf

Als Nächstes benutze ich die Kopfschablone. Ich sprühe das Auge schwarz schattiert aus. Die ausgeschnittenen Schuppenformen bekommen unterschiedliche, der Vorlage angepasste Farben verpasst. Die zwischen den Augen liegenden Schuppen sind bunt, die äußeren eher dunkel. Die Schuppen dienen dabei auch zur Orientierung für den weiteren Malprozess mit dem Pinsel.

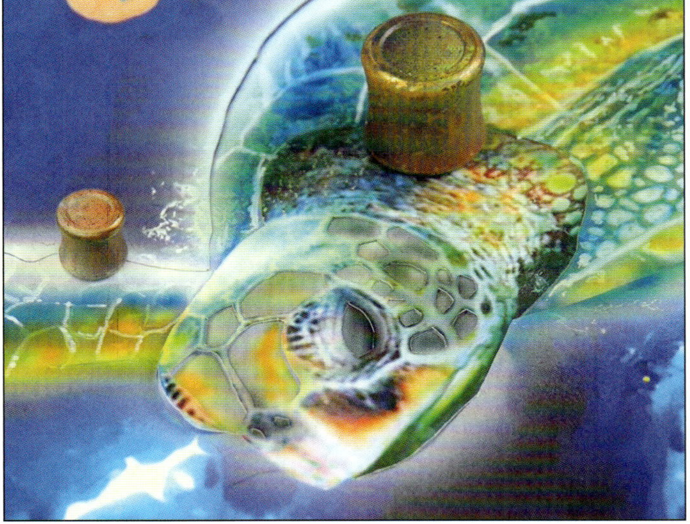

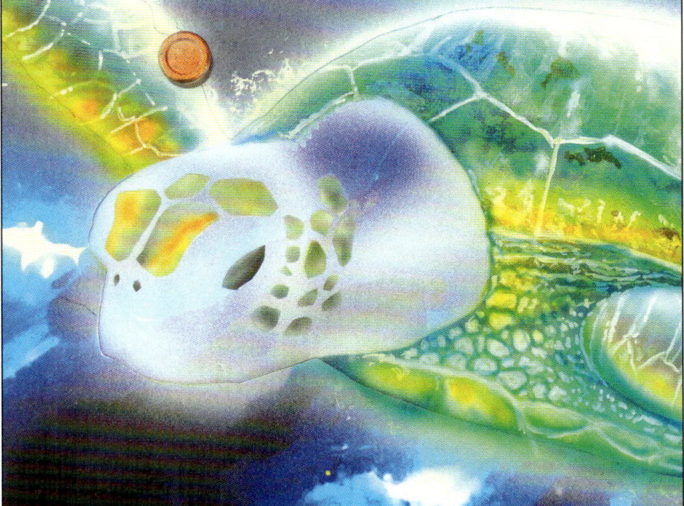

17 Konturen

Wieder mit Weiß werden nun die Schuppenkonturen am Kopf sowie die Falten am Hals aufgemalt. Anschließend werden Blau- und Grüntöne über die Schuppen, innerhalb der Schuppenbereiche sowie über die Halsschattierung gesprüht. Allerdings so, dass die zuvor aufgemalten Pinselstrukturen noch leicht durchschimmern.

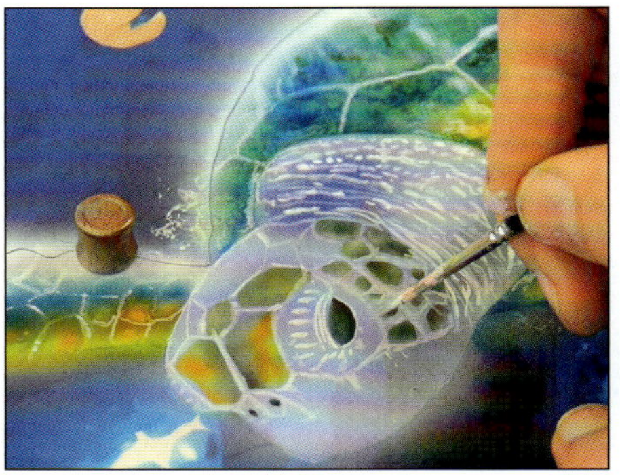

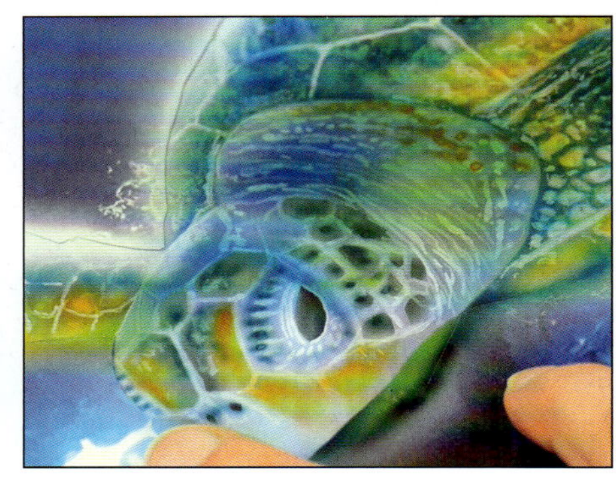

18 Maul

Die Kopfschablone wird dann noch mal beschnitten, so dass diese als lose Schablone für das Schildkrötenmaul genutzt werden kann. Somit kann man schnell und einfach das Maul mit dunklen Farbtönen aufsprühen. Eine Schattenkante sprühe ich am unteren Bereich des Kopfes, damit dieser noch rundlicher erscheint. Orange Farbtöne geben dem Kopfbereich und den Halsfalten dann weitere Detail.

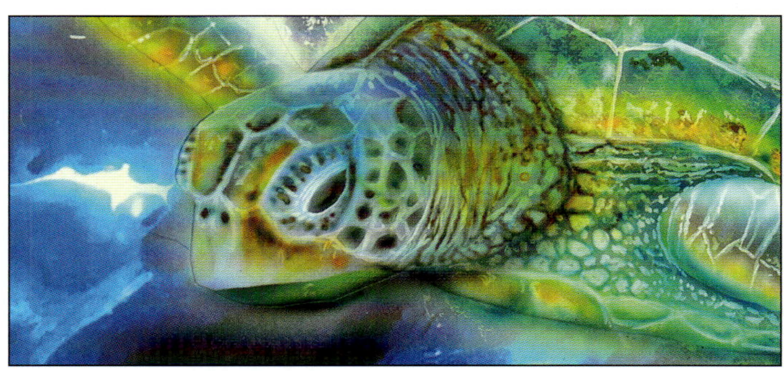

19 Konturen aufhellen

Mit Weiß und einem Pinsel können jetzt nochmal die Konturen der Schuppen aufgehellt werden. Mit zusätzlichem Wasseranteil nutze ich das Weiß auch, um Strukturen mit dem Pinsel aufzutupfen. Das trägt nochmal zum Realismus der Schildkrötenoberfläche bei. Damit die Linien nicht ganz so hart sind, übersprühe ich einige davon mit Weiß, um diese weicher zu machen und einzubetten. Zusätzlich nutze ich den Pinsel, um auch die eine oder andere Außenkontur der Schildkröte zu optimieren.

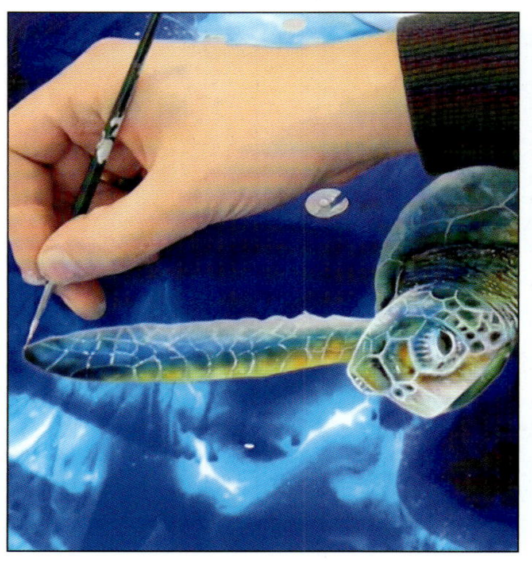

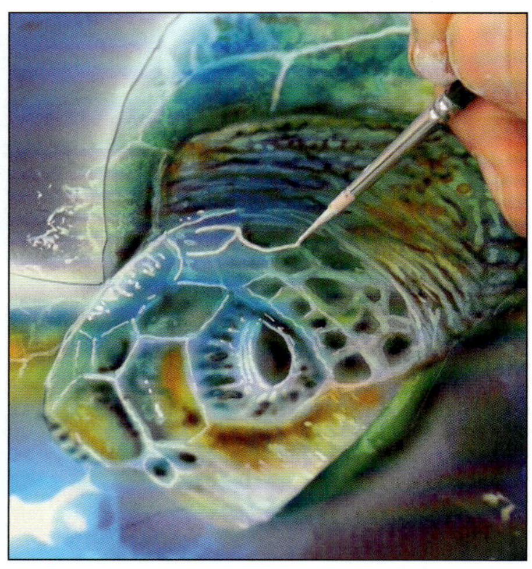

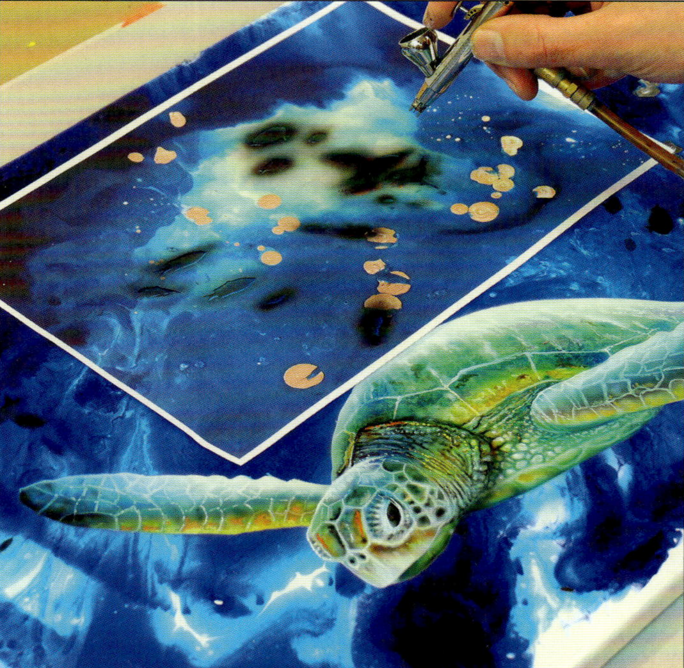

20 Fische

Jetzt kommen noch Fische im Hintergrund dazu. Mein ausgedruckter Papierentwurf dient mir als Schablone. Ich schneide die Fische an den Konturen aus, positioniere diese auf die gewünschten Stellen im Bild und sprühe mit transparentem Schwarz die Flächen aus. Schon tummeln sich im ganzen Motiv einige Fischschwärme.

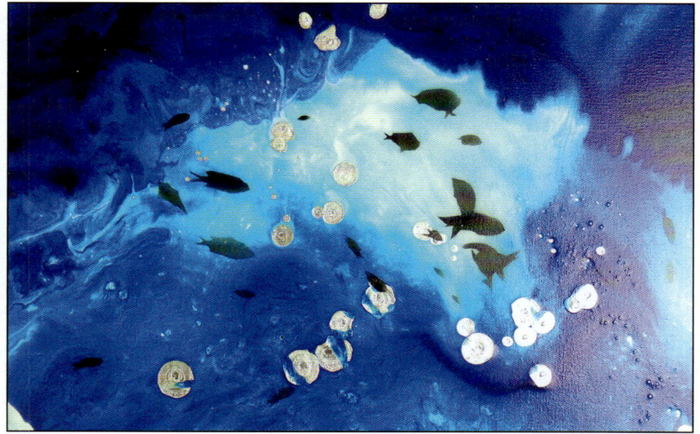

21 Fertiges Bild

Im letzten Schritt füge ich Blubberblasen im Hintergrund ein. Auch hier nutze ich eine Papierschablone. Ich sprühe eine Seite hell und die andere Seite dunkel. Mit einem Liquide Chrome Stift von Molotow zeichne ich noch Lichtpunkte und Konturen an den Blasen ein. Das Motiv bekommt dann noch eine deutliche Aufwertung und ansprechenden Look durch die Versiegelung mit einem glänzenden Klarlack.

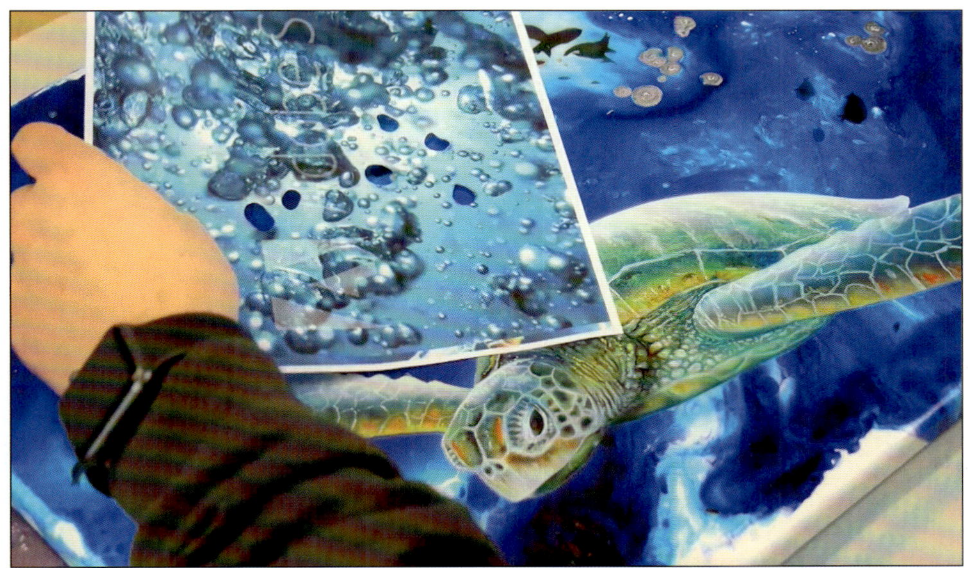

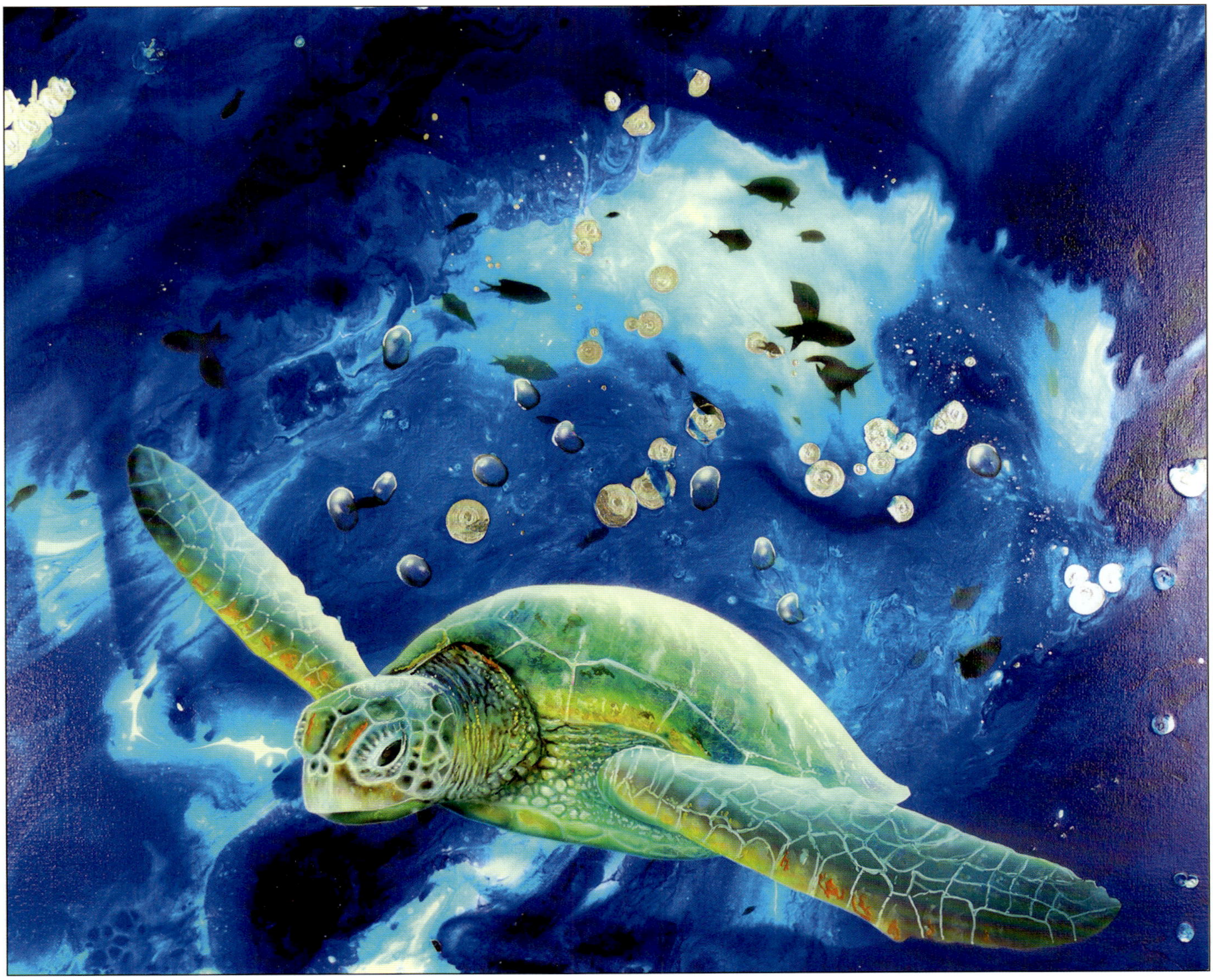

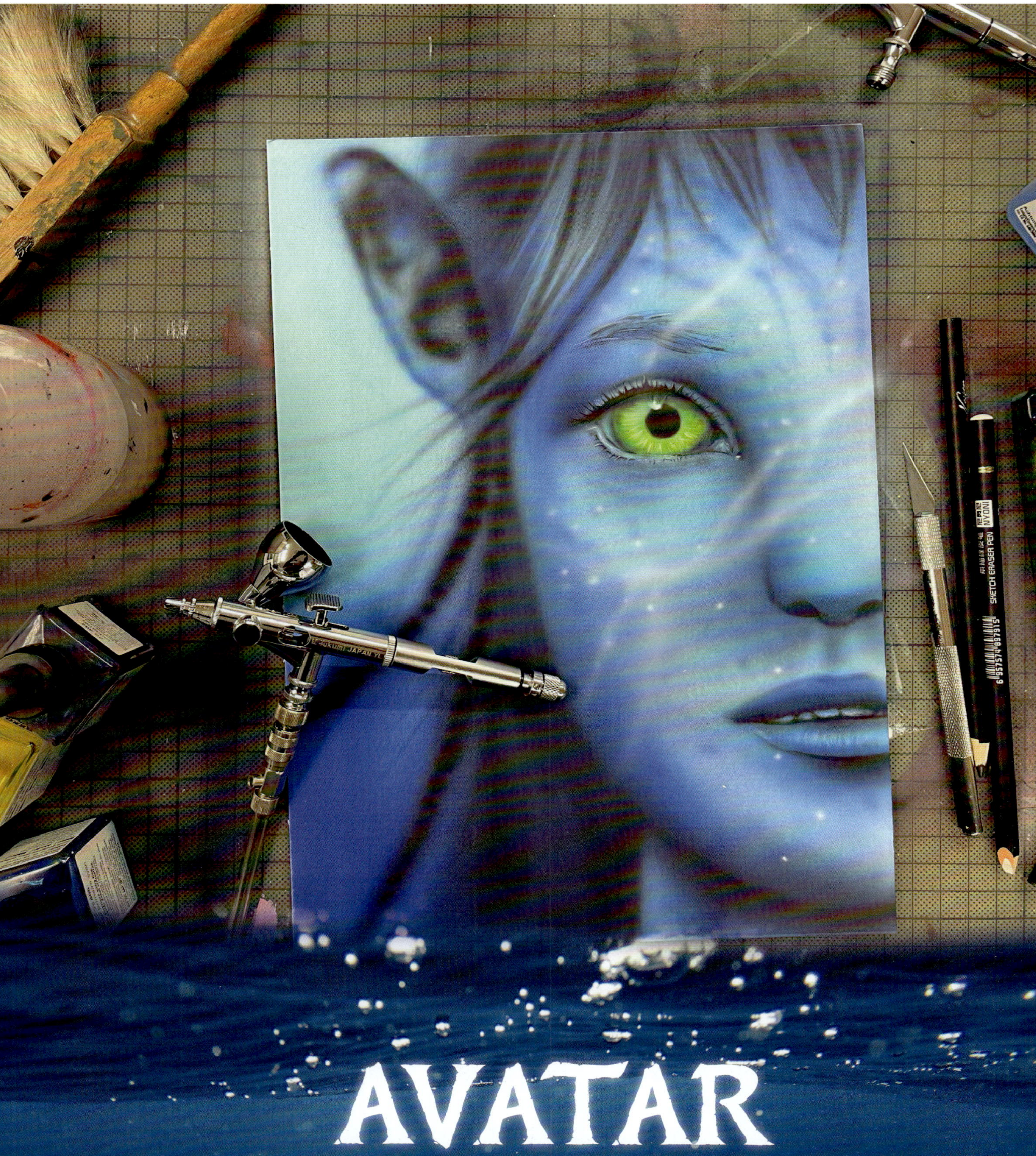

AVATAR

Eines der bekanntesten Filmspektakel dient als Inspiration für ein kleines Fan-Porträt. Bei der Umsetzung des Motivs mit der Airbrush-Technik geht es um die Übertragung von Konturlinien, den Aufbau der Schattierungen im Gesicht mit Hilfe einer eigens erzeugten Papierschablone, ersten Hautstrukturen und die schnelle Umwandlung von einer Schwarz-Weiß-Untermalung zu einem farbenreichen Porträt.

GRUNDAUSSTATTUNG – Avatar

Airbrush: Double Action Airbrush mit 0,15-0,2 mm Düse

Farben: Airbrush Acryl-Farben Schwarz, Weiß, Cyan, Phthalogrün, Gelb

Untergrund: Art Board von Reflex

Zubehör: Graphitstift, Skalpell, Elektroradierer, Radierstift, Kurvenschablone, schwarzer Buntstift

01 Material und Malgrund

Als Malgrund wird ein Art Board von Reflex verwendet. Dieser spezielle Karton hat die passenden Eigenschaften – nicht nur, um Airbrush-Acryl-Farbe aufzusprühen, sondern auch, um mit Radierstift, Elektroradierer und Skalpell zu arbeiten und Strukturen zu erzeugen. Die weitere Basis sind Airbrush-Acrylfarben, die mit Wasser verdünnt werden, um diese radierfähig zu machen.

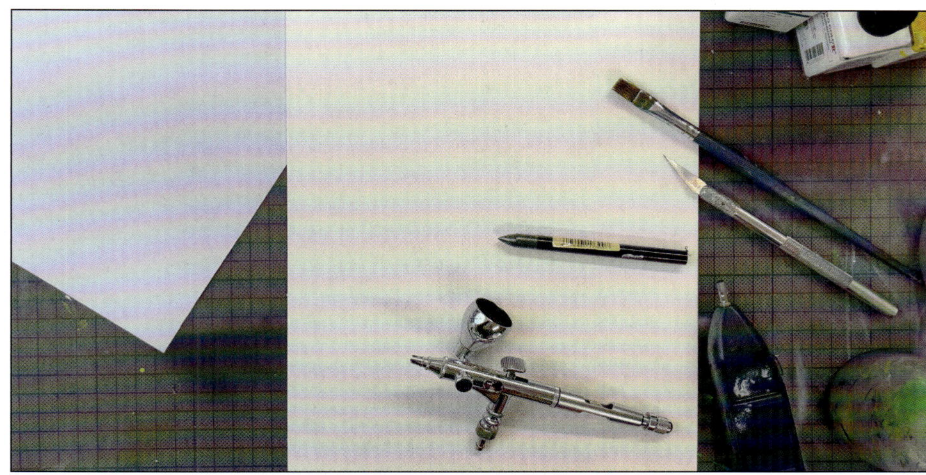

02 Motivübertagung

Ich habe mir ein passendes Porträt auf A4-Größe für dieses kleine Fan-Art-Projekt ausgedruckt. Das dient zur Übertragung der Konturen und als Schablone. Die Rückseite des Ausdrucks wird mit einem Graphitstift (z. B. Härtegrad HB) eingestrichen, so dass die ganze Fläche geschwärzt ist. Danach positioniere ich das Motiv über meinen Malgrund, fixiere dieses mit einem Klebestreifen und zeichne die Konturen mit einem Kugelschreiber durch. Prüfen Sie, ob die Konturen auch wirklich gut übertragen werden. Später kann man bei Bedarf die Konturlinien mit einem Bleistift noch einmal verstärken.

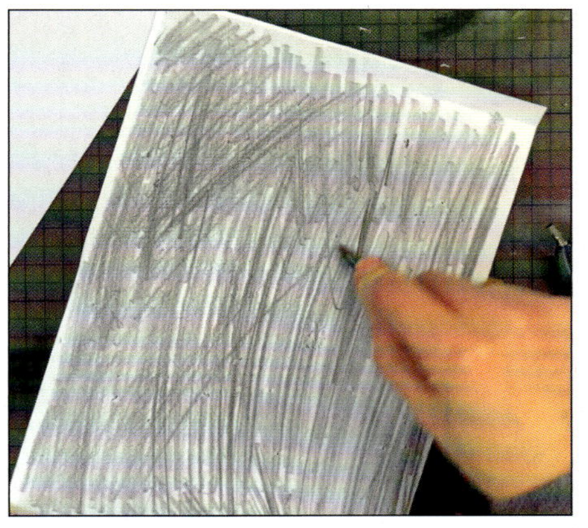

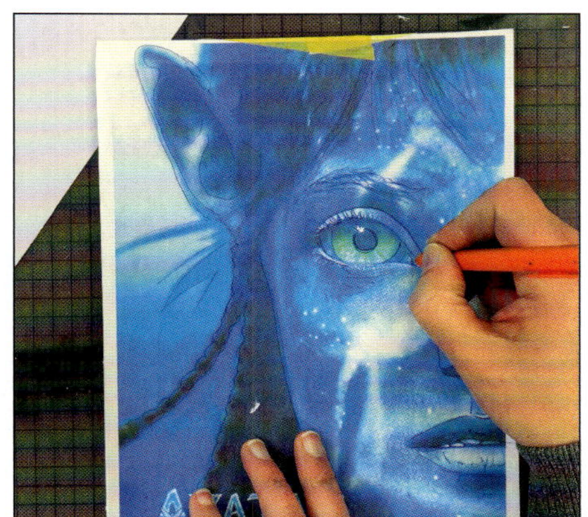

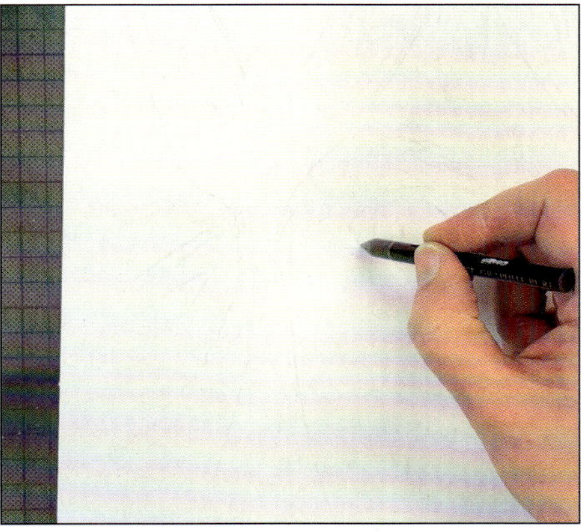

03 Schwarze Bereiche ausschneiden

Eine Schablone mit den schwarzen Bereichen des Motivs hilft, das Motiv schnell und mit passenden Proportionen zu starten. Ich schneide die schwarzen Bereiche, die wichtig sind, aus – in diesem Fall Pupille, Wimpern oben, Augenkonturen, einige Haare der Augenbrauen, Konturen der Lippen und den dunklen Zahnbereich.

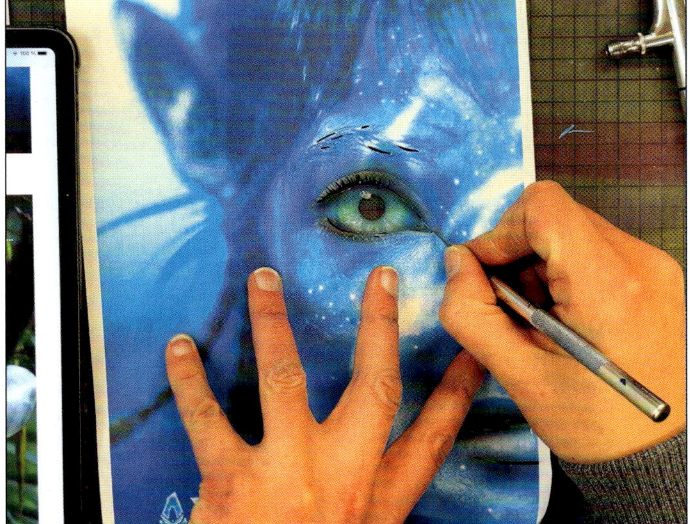

04 Schablone aussprühen

Positionieren Sie dann die Schablone passgenau auf Ihrer Vorzeichnung und sprühen Sie die zuvor ausgeschnittenen Bereiche mit transparentem Schwarz aus. Das Hinzufügen von Wasser zur schwarzen Farbe ist nicht nur wichtig, damit diese nicht zu dunkel ist, sondern ermöglicht auch späteres Radieren und Schaben der Farbe auf dem Malgrund. Die Schattierung der Oberlippe wird nur im unteren Bereich der Schablone angenebelt, damit die Farbe nach oben hin weich und hell ausläuft.

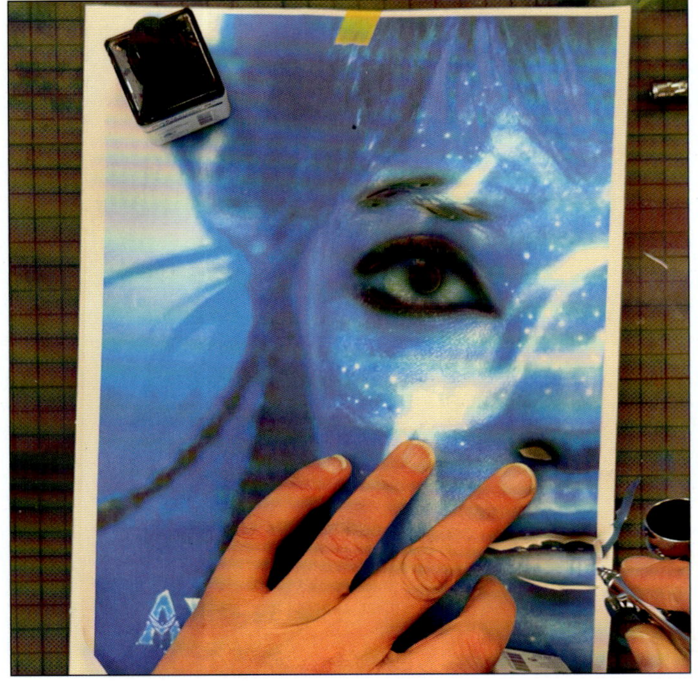

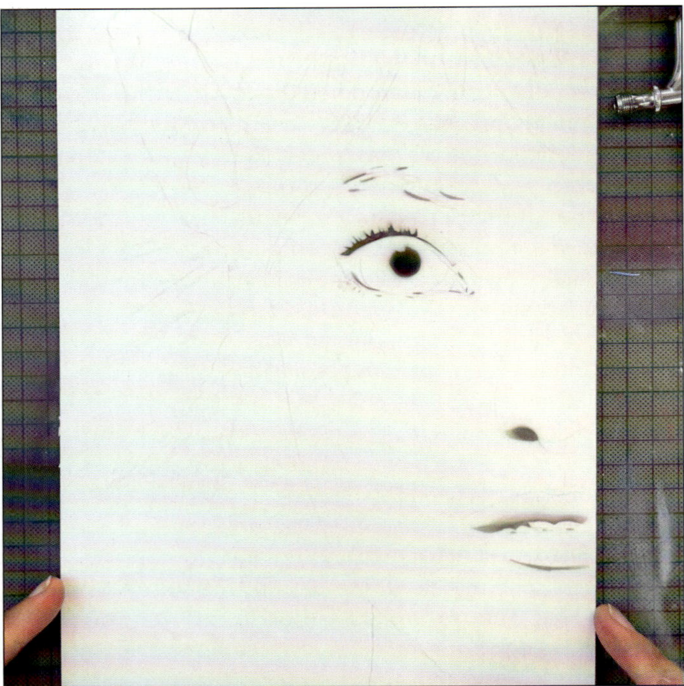

05 Aufbau des Schattens

Damit das Gesicht seine Formen bekommt, wird in diesem Schritt Licht und Schattengebung definiert. Dafür vergleiche ich die Vorlage und schaue, wo die dunklen Bereiche liegen und wie weit diese gehen. Um die Farbe Schicht für Schicht aufzubauen, ggf. Korrekturen einzuleiten und auch Hautstrukturen zu erzeugen, verwende ich einen Tropfen Schwarz mit mehr Wasseranteil als für den ersten Konturaufbau. Durch das Hinzufügen von Wasser wird das Schwarz weniger pixelig, gräulich, aber auch wässrig-nasser. Gibt man ggf. zu viel Luft und Farbe, kann die Farbe anfangen zu perlen und auf dem Malgrund zu schmieren. Das Zurücknehmen von etwas Druck (z.B. von 2 bar auf 1,5 bar) kann helfen, um hier gegenzusteuern.

Die Schattenverläufe im Gesicht sollen weich verlaufen. Also ist es wichtig, je nach Größe der Schattierung den Abstand zum Malgrund beim Farbauftrag zu variieren. Ich starte meist an der Kontur des Gesichts, dann die Schatten an der Wange, Nase und Mundbereich. Der Schatten um das Auge herum deutet die Augenhöhle an und definiert Knochen, Augenlid und Stirnbereich. Eine Schattierung geht auch vom Auge in Richtung Nase, um den Nasenrücken zu definieren. Auch Ober- und Unterlippe bekommen vorsichtig Schattierungen und erste Strukturdetails, um ihr Volumen aufzubauen. Leichte Schattierungen definieren das Ohr und Haare sowie Kinn und Halsschatten.

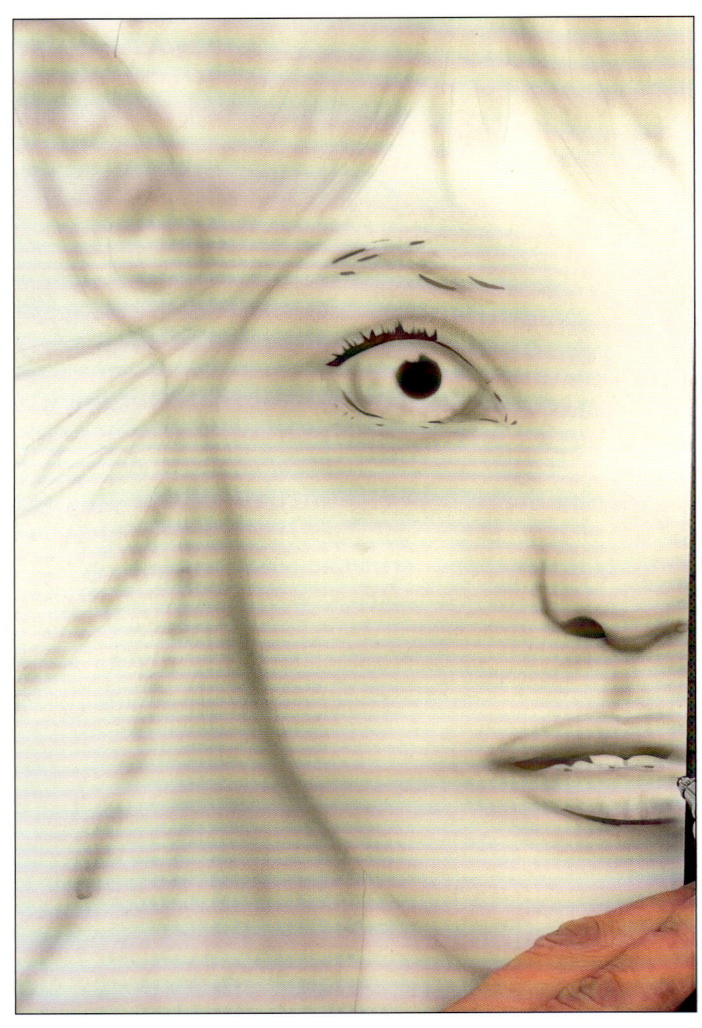

06 Erste Strukturen

Es ist wichtig, schon gleich am Anfang die ersten Strukturen einzuarbeiten. Nur so hat man es leicht, die Farbe zu radieren, und bekommt eine dezente Struktur - vor allem, wenn weitere bunte Farben dem Geschehen folgen. Interessant ist hier als Erstes der Bereich am Auge – das ist eins der wichtigen Bildelemente bei diesem Motiv. Mit einem Radierstift definiere ich den Lichtpunkt und die strahlenförmigen Strukturen der Iris. Außerdem radiere ich Lichtpunkte auf dem Augenlid und helle Punkte als Hautstruktur zwischen Lid und Augenbrauen. Auch im unteren Augenbereich kommen Lichtpunkte als Hautstruktur dazu. In der Regel reicht hier schon ein Antupfen mit dem Radierstift auf die Oberfläche, um Farbe wegzunehmen. Ist die Farbe sehr hartnäckig, kann auch zu einem Elektroradierer gegriffen werden, um punktuell die Farben zu lösen.

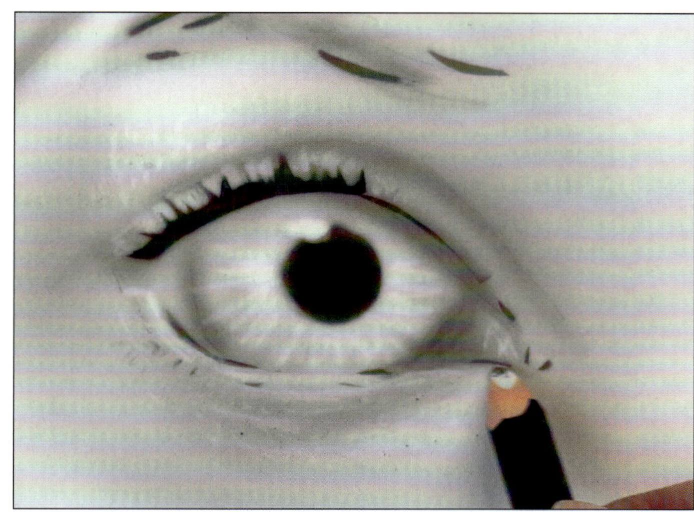

07 Haarsträhnen formen

Mit einer Kurvenschablone definiere ich die Konturen der Haarsträhnen. Ich nutze dafür dieselbe transparente Farbmischung, die auch schon vorher genutzt wurde. Dabei lege ich die Schablone in Fallrichtung der Haarsträhne an und sprühe leicht auf die Schablonenkontur. Es ist dabei wichtig, dass die Farbe zum Gesicht hin farblich ausläuft. Mit dem Radierstift können dann im Anschluss hellere Strähnen hineinradiert werden. Außerdem hilft ein Skalpell beim Herausschaben von feinen Lichtkanten an den Strähnen und den Augenbrauen.

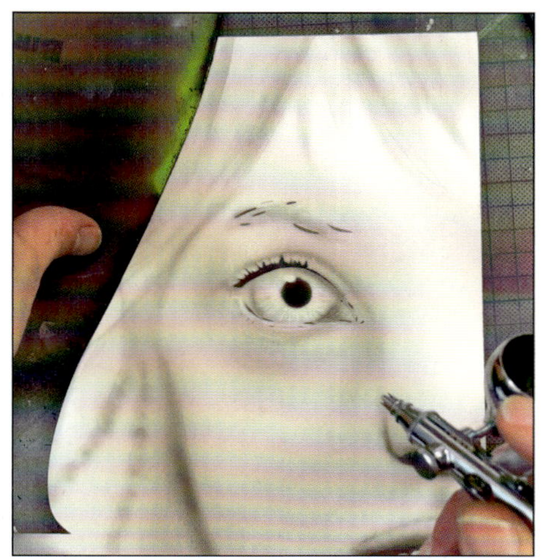

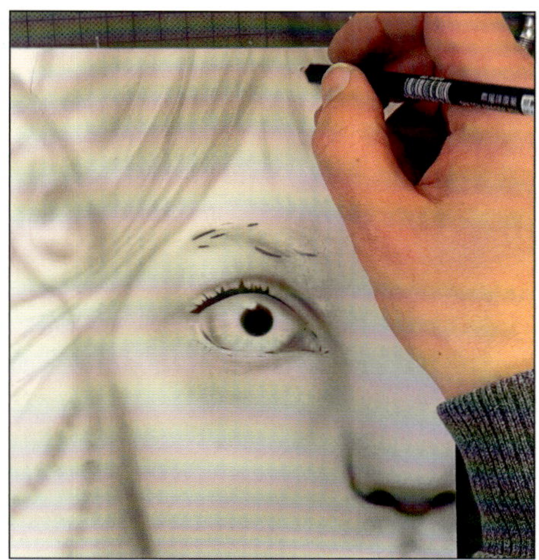

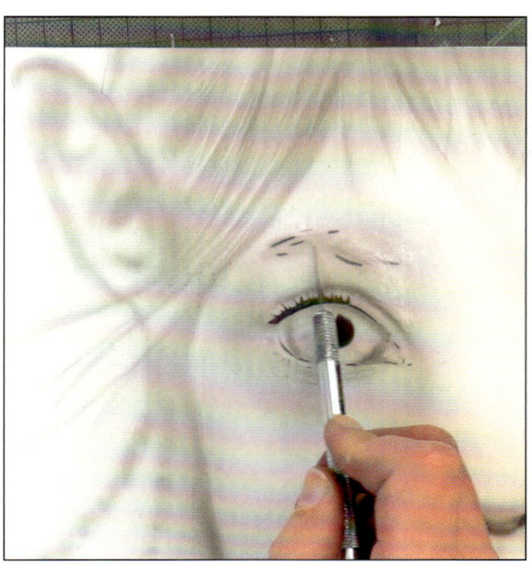

08 Schatten und Konturen aufbauen

Mit einer dunkleren Mischung aus Schwarz und Wasser bekommen die Schatten mehr Tiefe und das Bild dunklere Details. Ich starte mit der Mischung als Erstes an den Zöpfen. Hier sprühe ich punktartig die Haarform auf. Aber auch das Ohr sowie einige Haarsträhnen und die dunkleren Haarbereiche bekommen nun mehr Schattierung ab.

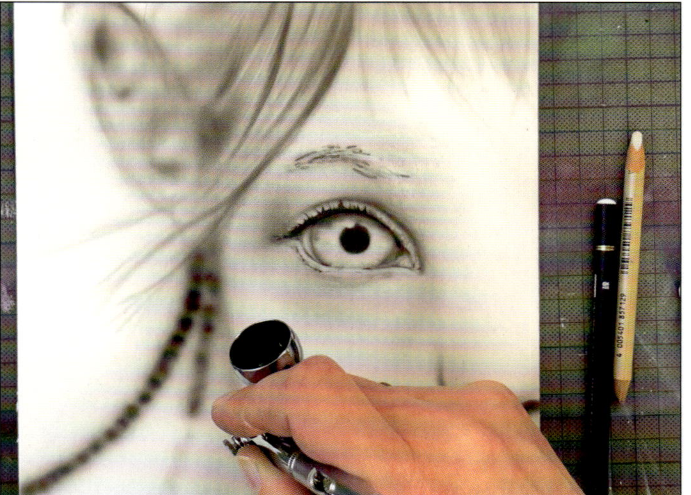

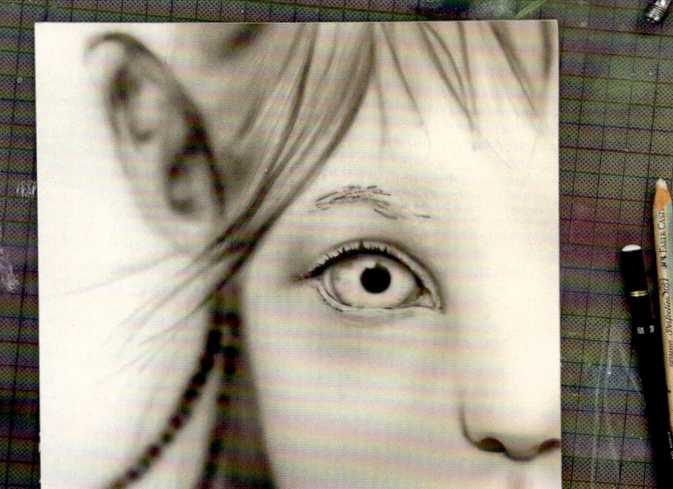

09 Schatten am Mund

Dunklere Schattierungen an den Lippen und Zähnen geben den Lippen mehr Form. Der Radierstift definiert Hautstruktur oberhalb der Lippen und zeichnet Lichter auf der Unterlippe. Sollten die Zähne zu dunkel geraten sein, können diese ebenfalls leicht mit dem Radierstift wieder aufgehellt werden. Auch die Lichtkante an der Oberlippe wird mit dem Radierstift angedeutet.

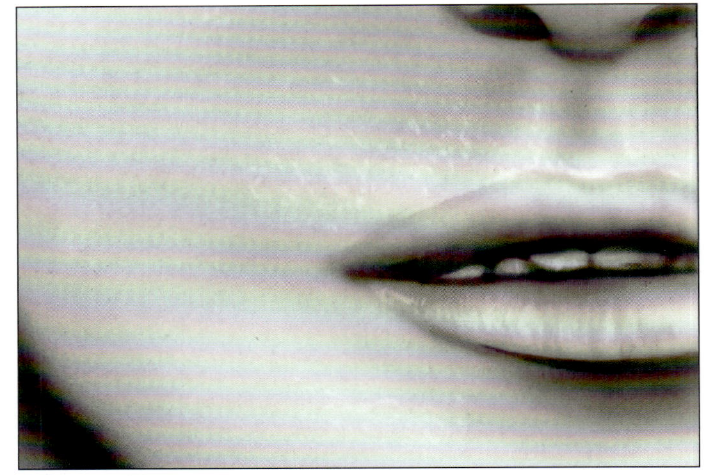

10 Wimpern und Augenbrauen formen

Einige der Wimpern wurden schon mit der Schablone geformt und sichtbar gemacht, je nachdem, wie detailliert die Schablone am Anfang ausgeschnitten wurde. In Kombination mit einem schwarzen Buntstift geht es deutlich leichter von der Hand, weitere zusätzliche Wimpern zu ergänzen oder vorhandene zu verlängern. Auch kleine Wimpern am unteren Augenrand sowie die Härchen der Augenbraue können so mühelos ergänzt werden.

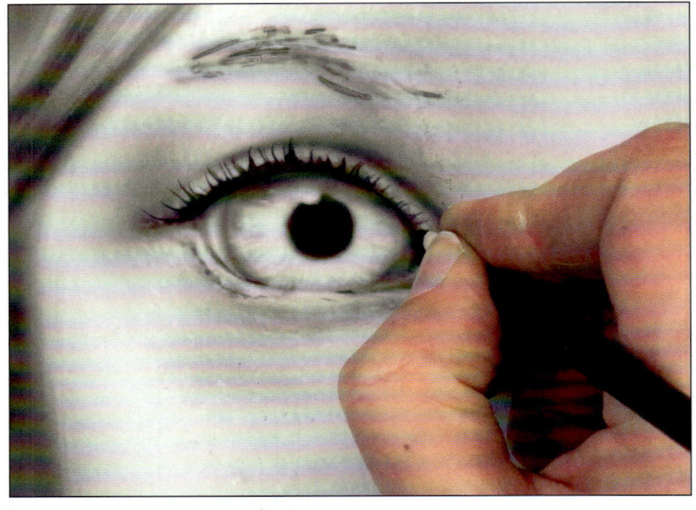

11 Untermalung einfärben

Die bisherigen Schritte haben Licht und Schatten definiert sowie Strukturen vorgegeben. Im nächsten Schritt wird das Motiv eingefärbt, und wir nähern uns der Farbigkeit des Filmplakates an. Dafür mische ich als erstes Phthalogrün mit Cyan und etwas Wasser, um ein helles Türkis zu erhalten. Diese Mischung wird in den formgebenden Schattenbereichen des Porträts entsprechend aufgesprüht. Wichtig dabei ist, dass nach wie vor helle Bereiche wie am Nasenrücken, an der Wange, Stirn und am Kinn noch offen gelassen werden.

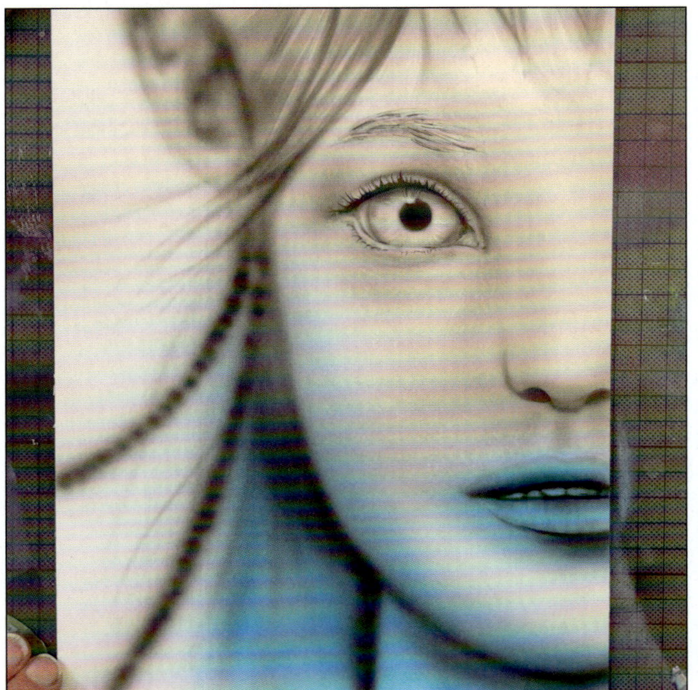

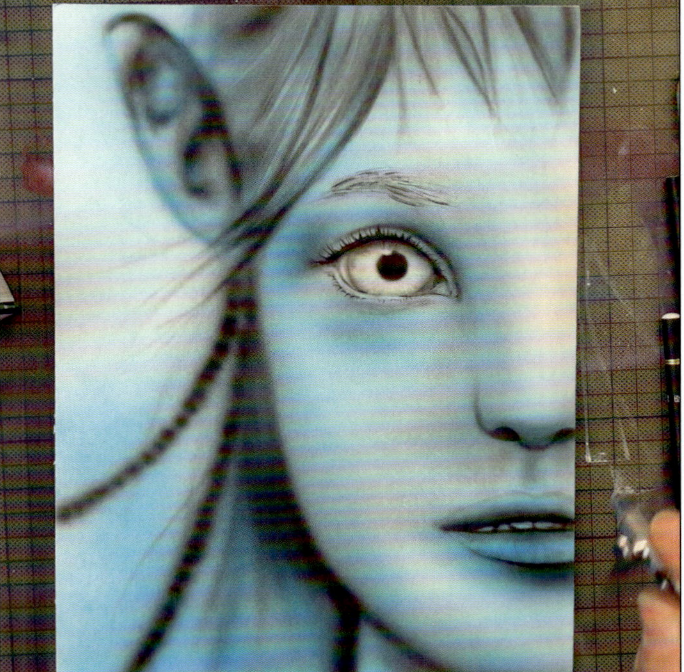

12 Blau ergänzen

Das Cyan ergänzt nun die blauen Farbverläufe im Porträt. Einige Stellen lassen das zuvor aufgesprühte Türkis noch durchschimmern. So erlangen Augenlid, Lippen und Augenbrauen mehr Tiefe und Dunkelheit. Mit gezitterten Linien und Cyan sprühe ich vorsichtig die typische Hautstruktur an der Stirn auf. Ebenfalls mit dem Farbton kommen die fleckigen Hautstrukturen mit kleinen Linien und Sprühpunkten dazu. Auch der Hintergrund unten links bekommt mit Cyan mehr Tiefe.

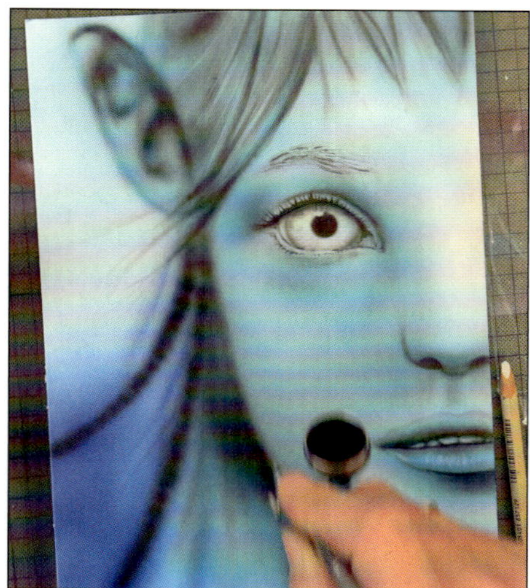

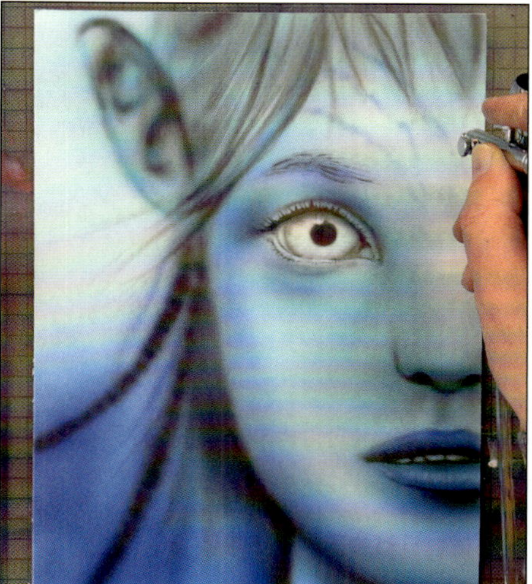

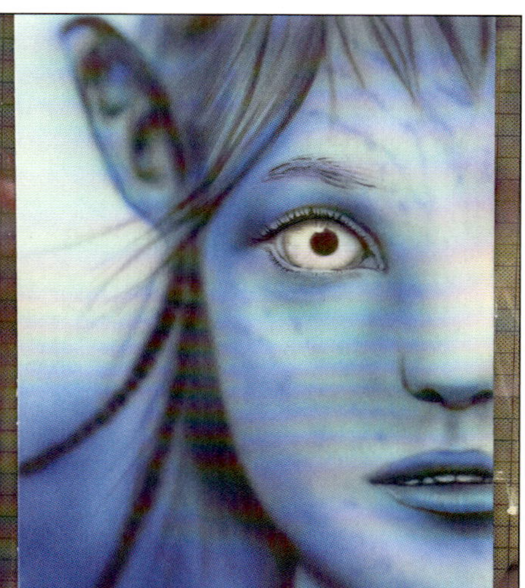

13 Mehr Schatten und Tiefe

Mit einem etwas wasserverdünnten Schwarz werden die Schattierungen nun weiter abgedunkelt. Das betrifft die Haarsträhnen, das Ohr und die Haare im unteren Bereich sowie den Schatten am Hals.

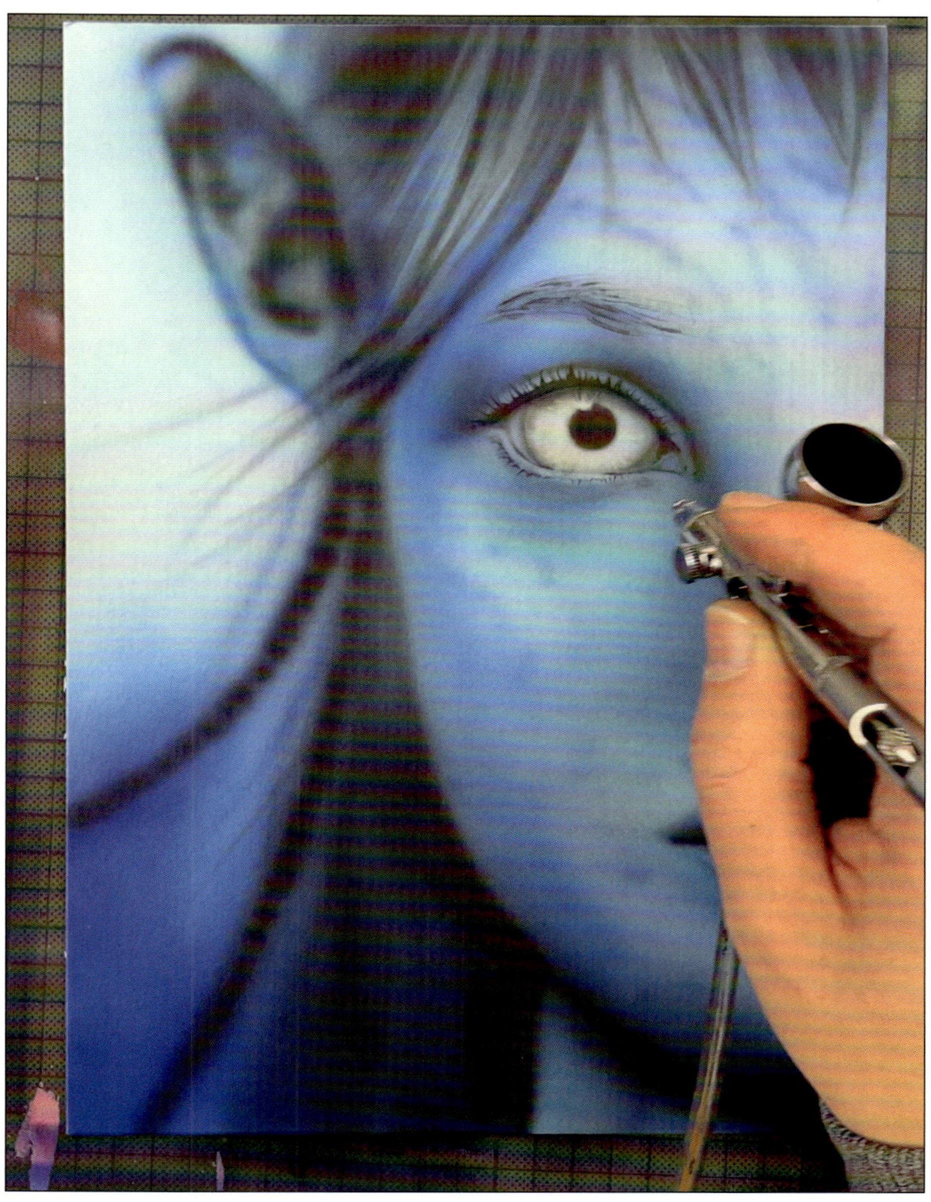

14 Das Auge bekommt Farbe

Das wichtige Merkmal im Motiv, das Auge, bekommt nun seine Farbigkeit. Als Erstes sprühe ich Gelb mit etwas Wasser gemischt auf die Iris auf. Das Wasser ist wieder für die Radierbarkeit wichtig. Mit dem Radierstift wird wieder sternförmig radiert, um helle Strukturen auf der Iris zu bekommen. Hier sieht man schön, wie sich die zuvor aufgemalten Schattierungen ergänzen. Damit das Auge noch leicht grünlich wird, kommt zu dem bisherigen Gelb im Farbbecher noch ein Tropfen Phthalogrün hinzu. Diese Mischung wird dann im äußeren Bereich der Iris aufgetragen.

Mit einem Skalpell schabe ich dann weitere feine Strukturen in die Iris ein, nutze das Skalpell aber auch für Highlights an den Wimpern.

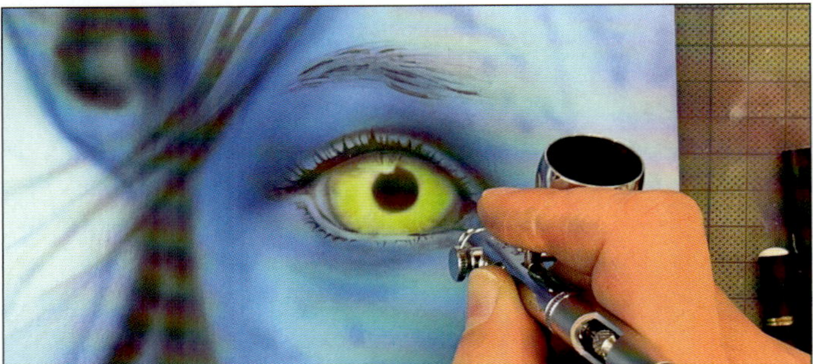

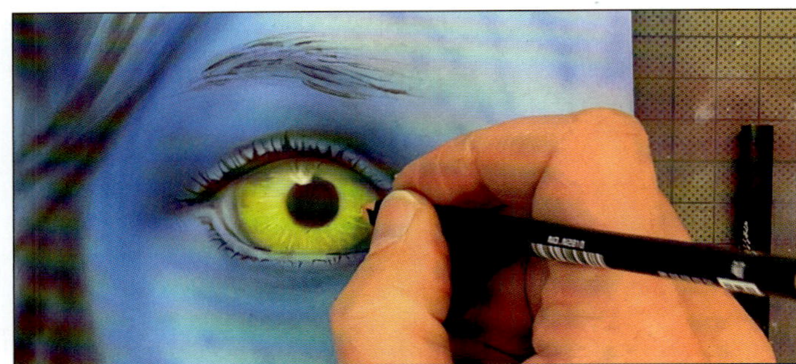

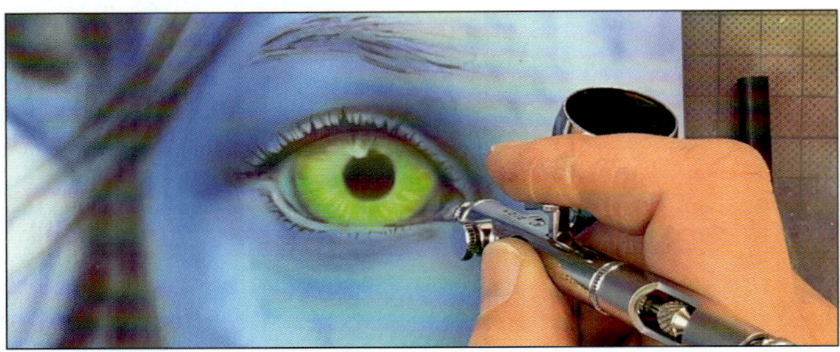

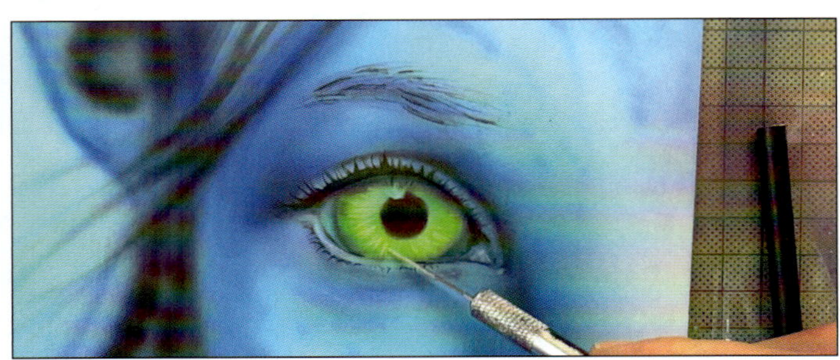

15 Unterwasserspiegelung

Das Filmplakat sieht eine Unterwasserspiegelung auf der Hautoberfläche vor. Diese wird mit leicht zittriger Bewegung mit einem deckenden Weiß aufgesprüht. Mit kleinen Sprühpunkten werden zum Schluss zusätzliche Lichtpunkte auf die Hautoberfläche gesprüht.

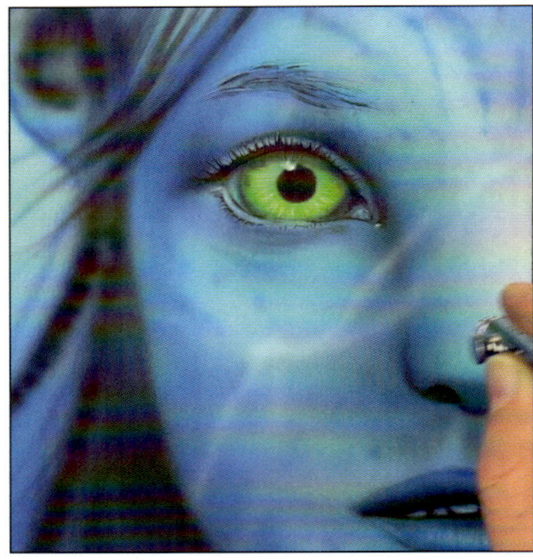

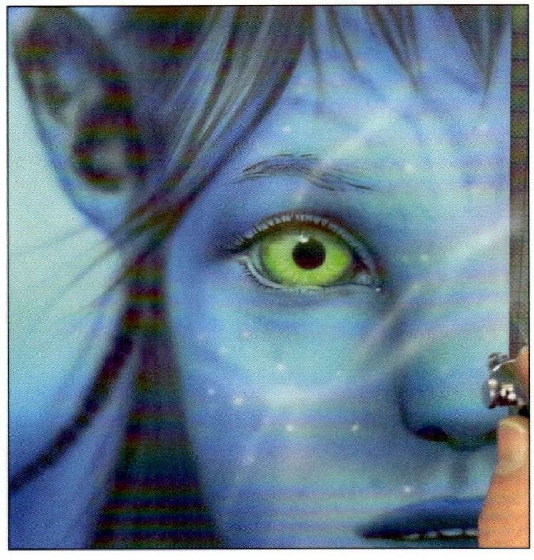

16 Fertig

Und hier das fertige Fan-Motiv.

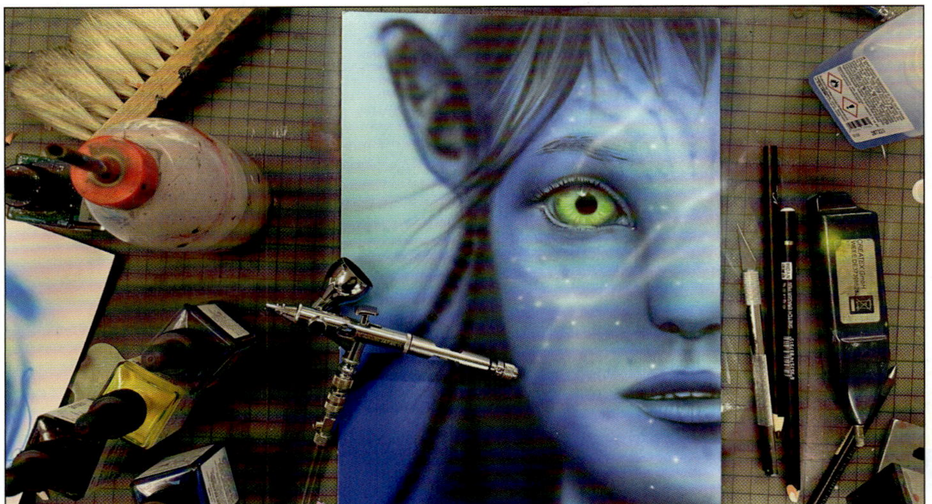

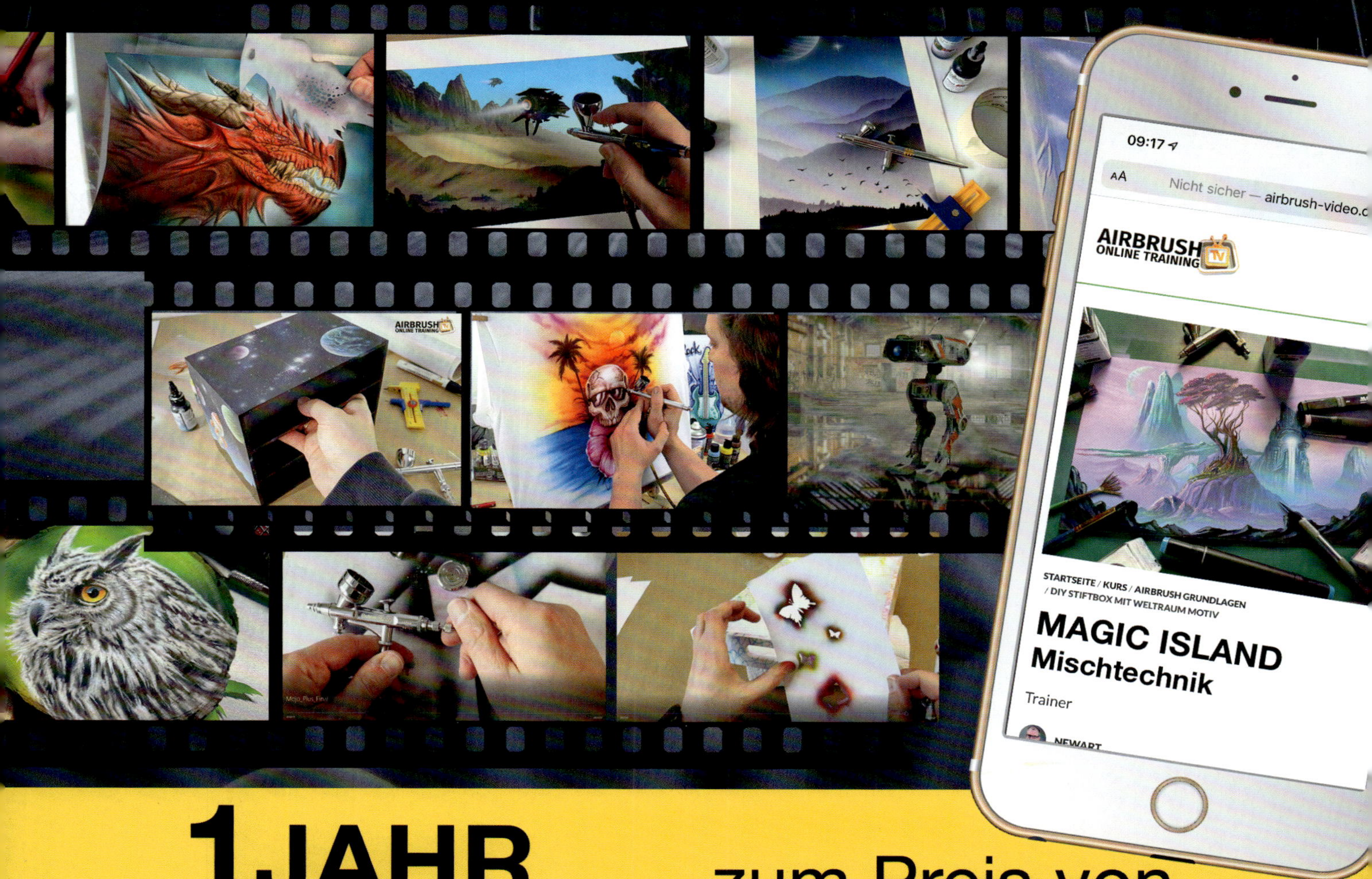

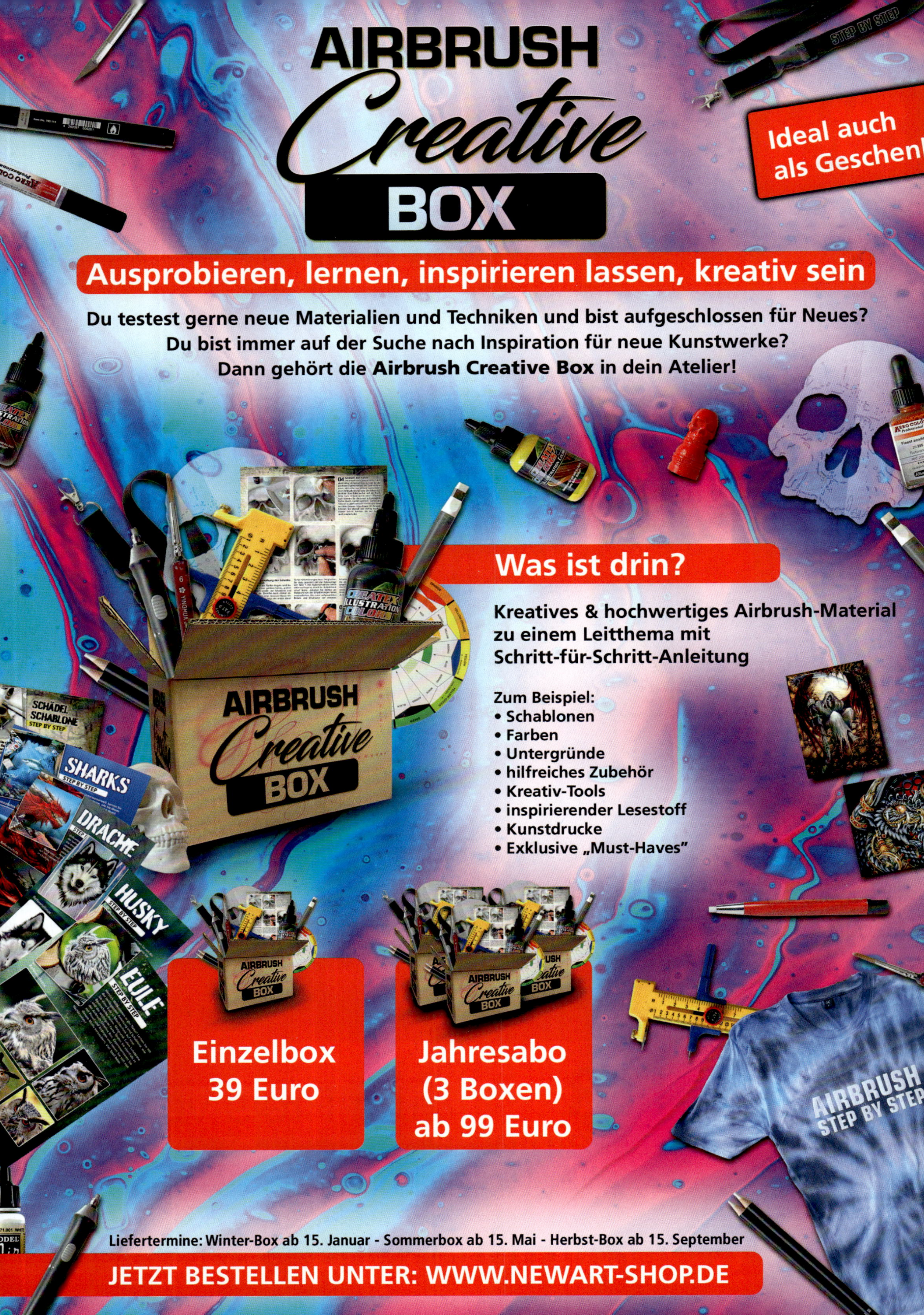

AIRBRUSH
Creative
BOX
Ideal auch
als Geschenk
Ausprobieren, lernen, inspirieren lassen, kreativ sein
Du testest gerne neue Materialien und Techniken und bist aufgeschlossen für Neues?
Du bist immer auf der Suche nach Inspiration für neue Kunstwerke?
Dann gehört die Airbrush Creative Box in dein Atelier!
Was ist drin?
Kreatives & hochwertiges Airbrush-Material
zu einem Leitthema mit
Schritt-für-Schritt-Anleitung
Zum Beispiel:
• Schablonen
• Farben
• Untergründe
• hilfreiches Zubehör
• Kreativ-Tools
• inspirierender Lesestoff
• Kunstdrucke
• Exklusive „Must-Haves"
SCHÄDEL SCHABLONE
SHARKS
DRACHE
HUSKY
EULE
Einzelbox
39 Euro
Jahresabo
(3 Boxen)
ab 99 Euro
AIRBRUSH STEP BY STEP
Liefertermine: Winter-Box ab 15. Januar - Sommerbox ab 15. Mai - Herbst-Box ab 15. September
JETZT BESTELLEN UNTER: WWW.NEWART-SHOP.DE